供电企业典型案例集

GONGDIAN QIYE DIANXING ANLI JI

刘　峻　主编

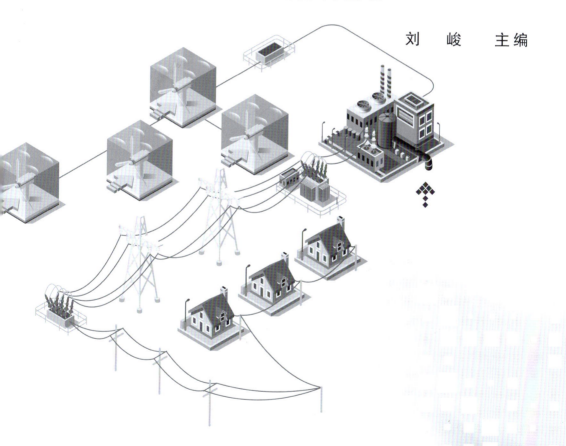

甘肃科学技术出版社

甘肃·兰州

图书在版编目（CIP）数据

供电企业典型案例集 / 刘峻主编. -- 兰州 ：甘肃
科学技术出版社，2024. 12. -- ISBN 978-7-5424-3255
-1

Ⅰ. F426.61

中国国家版本馆CIP数据核字第2024G4L537号

供电企业典型案例集

刘　峻　主编

责任编辑　杨丽丽

封面设计　陈妮娜

出　版　甘肃科学技术出版社

社　址　兰州市城关区曹家巷1号　　730030

电　话　0931-2131576　（编辑部）　0931-8773237　（发行部）

发　行　甘肃科学技术出版社　　印　刷　兰州万易印务有限责任公司

开　本　710mm×1020mm　1/16　　插　页　1　印　张　13.25　字　数　180千

版　次　2024年12月第1版

印　次　2024年12月第1次印刷

书　号　ISBN 978-7-5424-3255-1　　定　价　68.00元

编 委 会

前言

　　基业长青，法治先行。近年来，国网甘肃省电力公司深入学习贯彻习近平法治思想，紧密围绕国有资产监督管理委员会进一步深化法治央企建设要求及国网公司法治工作部署，持续深化案件"2+2"双牵头和"四个一"闭环管理机制，建立健全业法联动、协同监督的"以案促管"长效机制，持之以恒抓案件、促管理、防风险，推动解决了一批法律要案难案，及时堵塞了多项管理制度漏洞，公司依法合规经营水平显著提升。

　　结案不是案件管理的终点，而是起点。案例是规范专业管理最为直接、生动的演绎，一个案例胜过一沓文件。为持续提升案件治理效能、强化法治保障水平，不断开创"以案促管"新局面，本书梳理优选了一批具有代表性、典型性的案例汇编成册，立足电力企业视角，遵循普遍性、指导性原则，围绕常见、多发类型案例开展了深入、细致的分析解读，充分挖掘其中的案件处置典型经验和管理提升引领价值，有效指导规范员工日常行为，旨在为相关类案处置和业务管理提升提供有益的经验借鉴和实践参考，推动公司法治工作迈上新台阶、取得新进步，以高水平法治护航公司高质量发展。

　　限于编者水平，疏漏之处在所难免，恳请各位专家、读者谅解并提出宝贵意见。

国网甘肃省电力公司

2023年7月

目 录

第七篇 | 电网建设相关纠纷案例

第八篇 | 其他类纠纷案例

第一篇

触电人身损害赔偿纠纷案例

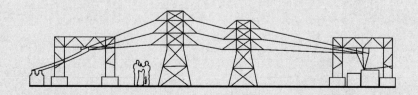

苟某某等3人诉国网某市供电公司、倪某某、靳某某触电人身损害赔偿责任纠纷案

✎ 案件总体描述

劳务关系存续期间，提供劳务者受到人身损害，雇主应当承担赔偿责任，提供劳务者承担过错责任。

✎ 关键词

人身损害/建设单位/违法分包

✎ 相关法条

1.《中华人民共和国民事诉讼法》第六十四条

代理诉讼的律师和其他诉讼代理人有权调查收集证据，可以查阅本案有关材料。查阅本案有关材料的范围和办法由最高人民法院规定。

2.《最高人民法院关于适用<中华人民共和国民事诉讼法>的解释》第九十条

当事人对自己提出的诉讼请求所依据的事实或者反驳对方诉讼请求所依据的事实，应当提供证据加以证明，但法律另有规定的除外。

在作出判决前，当事人未能提供证据或者证据不足以证明其事实主张的，由负有举证证明责任的当事人承担不利的后果。

📄 基本案情

原告：苟某某、陈某某、黎某某

被告：国网某市供电公司、倪某某、靳某某

诉讼请求：（1）依法判令被告支付受害人医疗费、误工费、护理费、住院伙食补助费、营养费、交通费、住宿费、残疾辅助器具费 155 464.21 元；（2）依法判令赔偿丧葬费、被抚养人生活费、死亡赔偿金、精神损害抚慰金等 567 609.5 元；以上两项合计 721 668.4 元。（3）依法判令被告承担本案全部诉讼费用。

原告系死者家属，死者黎某受雇于靳某某，靳某某承包了倪某某住宅建筑工作。2016 年 6 月 8 日下午，黎某在一层楼顶工作时从变压器旁跌落到地面，头部着地受伤，送往医院救治，诊断为颈椎断裂导致一级截瘫，7 月 21 日出院，后于 10 月 11 日在家中病逝。11 月 9 日，死者家属将国网某市供电公司（以下简称供电公司）、倪某某、靳某某作为被告向兰州市安宁区人民法院提起诉讼。

此案在一审过程中，经兰州市中级人民法院委托，上海电力医院司法鉴定所对黎某是否受到高压电击进行了司法鉴定，结论为黎某被高压电电击的依据不足。此案经过一审，二审发回重审，一审重审，二审终审程序。

一审法院认为：原告主张黎某的死亡原因系受被告靳某某雇佣，在被告倪某某家中施工过程中触电受伤所致，但根据司法鉴定意见显示，黎某被高压电电击依据不足；黎某受伤，被告是否存在过错行为？黎某死亡时间是在其经住院治疗好转后出院在家休养 2 个月之后，其死亡原因与被告的过错行为之间是否存在因果关系？对此，原告所提交的证据不足以证实其主张，遂判决驳回了三原告的诉讼请求。三原告不服上诉，上诉法院认为事实不清，裁定撤销了一审判决，发回重审。

一审重审时认为，黎某受雇于靳某某在倪某某家的工地干活，黎某在工作过程中不慎摔伤后死亡，雇主靳某某应承担赔偿责任。但黎某系完全民事行为能力人，其在工作过程中应注意自身安全，其因不慎摔伤后致死，其本人亦应承担相应责任。故原告主张的各项损失应按照主次责任比例，由雇主靳某某与黎某分别承担，靳某某承担70%的主要责任，黎某承担30%的次要责任。对原告请求判令供电公司承担赔偿责任的诉请，根据上海电力医院司法鉴定所《司法鉴定意见书》电医司鉴〔2017〕第1号鉴定结论为：黎某被高压电电击的依据不足。对此，原告所提交的证据亦不足以证明其主张，故对原告该项诉请不予支持。原告请求判令被告倪某某承担赔偿责任的诉请于法无据，本院不予支持。故判决靳某某向原告承担事故损害责任70%并支付精神损害抚慰金2万元，驳回原告其他诉讼请求。

靳某某不服判决，在法定期限内向兰州市中级法院提起上诉，请求撤销一审判决，依法改判自己不承担责任，案件所有诉讼费用由被上诉人承担。

二审终审认为，本案中，黎某受雇于靳某某修缮倪某某房屋。靳某某辩称黎某发生事故当天与其已不存在雇佣关系但并未提供确实充分的证据予以证明，作为雇主，应对黎某的人身损害承担赔偿责任。倪某某作为涉案房屋的主人，明知靳某某没有修建房屋的施工资质，还将涉案工程发包给靳某某，存在过错，应当与靳某某承担连带赔偿责任。供电公司以上海电力医院司法鉴定所《司法鉴定意见书》鉴定结论为"黎某被高压电电击的依据不足"为由，主张其不应承担赔偿责任。本院认为，《中华人民共和国民事诉讼法》第六十四条规定："人民法院应当按照法定程序，全面地、客观地审查核实证据"，鉴定意见是对民事诉讼中涉及的专门性问题进行鉴别和判断形成的意见，属于专家证据的一种，对于案件的定性具有直接影响，但对案件责任的判定，应当结合全案证据材料进行综合评判。根据本案查明的事实，黎某发生事故时位于倪某某家房顶变压器旁边，涉案变压器距离房屋墙面50厘米左右，明显存在安全隐患。供电公司虽辩称变压器修建在先，倪某某修建房屋在后，但其作为变压器及电力设施的管理者，应定期对上述电力设施进行监管，而本案中供电公司未采取安全保护措施，也未设置任何警示标志，应承担疏于监管的责任。本院酌定其承担10%的赔偿责任。综上，靳某某的上诉请求部分成立，应予支持，根据各方的过错程度对损害后果所产生的作用，本院判定黎某自担30%的赔偿责任，靳某某承担60%的赔偿责任，倪某某与靳某某承担连带赔偿责任，供电公司承担10%的赔偿责任。驳回靳某某的其他上诉请求。

🔑 案例分析

这起案件实际上是一起一般人身损害赔偿案件，并不是触电人身损害赔偿案件。实践中，受害人往往出于利益，将本身不是触电损伤故意说成触电损伤，导致医院病历及相关书面材料中损伤原因记载为触电，代理律师也往往从多种因素考虑（比如特殊侵权举证责任倒置、电力企业容易执行等），尽量将电力企业作为被告，这种做法无形中增加了电力企业诉累，同时也为优化电力营商环境提出更高挑战。如果错过事发时的事故调查机会，在诉讼阶段就更需要企业法律工作者认真甄别，充分利用法律技术进行辨析，本案即如此。

公民的人身权、财产权应当受到法律保护。侵害他人造成人身损害的，应当赔偿医疗费、护理费、交通费等为治疗和康复支出的合理费用，以及因误工减少的收入。造成他人死亡的，还应当赔偿死亡赔偿金。造成他人严重精神损害的，被侵权人可以请求精神损害赔偿。个人之间形成劳务关系，提供劳务一方因劳务自己受到损害的，根据双方各自的过错承担相应的责任。雇员在从事雇佣活动中遭受人身损害，雇主应当承担赔偿责任。《最高人民法院关于审理人身损害赔偿案件适用法律若干问题的解释》第十一条第二款规定："雇员在从事雇佣活动中因安全生产事故遭受人身损害，发包人、分包人知道或者应当知道接受发包或者分包业务的雇主没有相应资质或者安全生产条件的，应当与雇主承担连带赔偿责任。"本案中，黎某受雇于靳某某修缮倪某某房屋，靳某某是雇主，倪某某是发包人，黎某系完全民事行为能力人，对自身安全有法定注意义务。黎某在提供劳务过程中受到伤害，雇主靳某某承担责任是正确的，倪某某明知靳某某没有修建房屋的施工资质，还将涉案工程发包给靳某某，存在过错，应当与靳某某承担连带赔偿责任，从这个意义上说，二审终审判决倪某某与靳某某承担连带责任是正确，一审重审时对倪某某未判责任显然错误。但二审终审对供电公司判决承担责任值得商榷，既然已经查明变压器修建在先，倪某某修建房屋在后，引起"变压器距离房屋墙面50厘米左右"这种不安全因素的主体是倪某某，根据《甘肃省电网建设与保护条例》第二十三条"电网设施与公用工程、城市绿化和其他工程在新建、改建、扩建中相互妨碍时，按照依法建设和投入使用在先的原则协商解决；协商不成的，由规划在后者承担迁移、改造和采取有关措施的成本费用。未经协商一致，擅自施工造成损害的，由建设单位承担相应的民事责任"的规定，倪某某应当承担责任。二审终审认为，鉴定意见是对民事诉讼中涉及的专门性问题进行鉴别和判断形成的意见，属于专家证据的一种，对于案件的定性具有直接影响，但对案件责任的判定，应当结合全案证据材料进行综合评判，这或许就是所谓的法官自由裁量权的表现之一。

☼ 工作建议

　　公司应当对变压器等电力设施悬挂适当数量的安全警示牌。

　　作为建设单位应当切实履行安全保障及监督义务，全面杜绝安全事故的发生，既是建设单位的基本工作要求，也是切实保障农民工权益的重要手段。

梁某某诉国网某区城郊公司身体权、健康权纠纷案

案件总体描述

从事高空，高压、地下挖掘活动或者使用高速轨道运输工具造成他人损害的，经营者应当承担侵权责任，该责任为无过错责任。

关键词

无过错责任/经营者或保管人/连带责任

相关法条

1.《最高人民法院关于适用<中华人民共和国民事诉讼法>的解释》第二百三十三条

反诉的当事人应当限于本诉的当事人的范围，反诉与本诉的诉讼请求基于相同法律关系、诉讼请求之间具有因果关系，或者反诉与本诉的诉讼请求基于相同事实的，人民法院应当合并审理。反诉应由其他人民法院专属管辖，或者与本诉的诉讼标的及诉讼请求所依据的事实、理由无关联的，人民法院裁定不予受理，告知另行起诉。

2.《中华人民共和国电力法》第五十四条

任何单位和个人需要在依法划定的电力设施保护区内进行可能危及电力设施安全的作业时，应当经电力管理部门批准并采取安全措施后，方可进行作业。

3.《中华人民共和国民法典》第一千一百九十二条

个人之间形成劳务关系，提供劳务一方因劳务造成他人损害的，由接受劳务一方承担侵权责任，提供劳务一方因劳务自己受到损害的，根据双方各自的过错承担相应的责任。

4.《中华人民共和国民法典》第一千一百七十三条

被侵权人对同一损害的发生或扩大有过错的，可以减轻侵权人的责任。

5.《中华人民共和国民法典》第一千两百四十条

从事高空、高压、地下挖掘活动或者使用高速轨道运输工具造成他人损害的，经营者应当承担侵权责任，但能够证明损害是因受害人故意或者不可抗力造成的，不承担责任。被侵权人对损害的发生有过失的，可以减轻经营者的责任。

6.《中华人民共和国民法典》第五百零六条

合同中的下列免责条款无效：（一）造成对方人身伤害的；（二）因故意或者重大过失造成对方财产损失的。

7.《中华人民共和国民法典》第六百五十条

供用电合同的履行地点，按照当事人约定；当事人没有约定或者约定不明确的，供电设施的产权分界处为履行地点。

8.《电力供应与使用条例》第十七条第三款

用户专用的供电设施建成投产后，由用户维护管理或者委托供电企业维护管理。

9.《供电营业规则》第四十六条

用户独资、合资或集资建设的输电、变电、配电等供电设施建成后，其运行维护管理按以下规定确定："属于用户专用性质，但不在公用变电站内的供电设施，由用户运行维护管理。如用户运行维护管理确有困难，可与供电企业协商，就委托供电企业代为运行维护管理有关事项签订协议。

11.《供电营业规则》第四十七条

供电设施的运行维护管理范围，按产权归属确定。

12.二人以上没有共同故意或者共同过失，但其分别实施的数个行为间接结合发生同一损害后果的，应当根据过失大小或者原因力比例各自承担相应的赔偿责任。

基本案情

原告：梁某某

被告：国网某区城郊供电公司、甘肃某电子技术有限公司、孙某某、白银市某区水务局

2015年底，甘肃某电子技术有限公司（以下简称某技术公司）承包了白银市广电局网络公司的光缆建设项目，又将该项目中的劳务部分承包给孙某某。孙某某随即叫了梁某某等人组织施工，某技术公司为梁某某等人交纳了人身意外商业保险。2016年5月19日，梁某某在维修电杆上的网线时，由于距离旁边的高压线过近，高压放电导致梁某某项部、会阴等全身多处大面积电弧烧伤，多个器官损坏严重，将终身携带导尿管。梁某某先后共住院135天，某技术公司和孙某某支付了其住院期间的医药费。出院后，梁某某将某技术公司、孙某某和国网某区城郊供电公司（以下简称供电公司）一同诉至法院，后经供电公司查明，涉案高压线路系白银市某区水务局（以下简称水务局）资产，遂将该水务局依法追加为被告。

一审白银市平川区人民法院于2017年8月7日作出〔2017〕甘0403民初453号《民事判决书》：孙某某和某技术公司连带承担80%赔偿责任即1 101 252.71元；供电公司承担10%赔偿责任即314 643.63元；梁某某自担10%赔偿责任即314 643.63元；水务局不承担赔偿责任。

一审宣判后，某技术公司和供电公司不服提起上诉，白银市中级人民法院作出〔2017〕甘04民终990号《民事裁定书》，裁定撤销原判决，发回重审。

重审白银市平川区人民法院于2018年4月26日作出〔2018〕甘0403

民初158号《民事判决书》：孙某某和某技术公司连带承担60%赔偿责任；供电公司承担30%赔偿责任；梁某某自担10%赔偿责任；水务局不承担赔偿责任。

重审宣判后，某技术公司和供电公司仍然不服，又向白银市中级人民法院提起上诉，同时，某技术公司提起反诉。2018年8月30日，白银市中级人民法院作出甘肃省白银市〔2018〕甘04民终570号《民事判决书》：撤销甘肃省白银市平川区人民法院〔2018〕甘0403民初158号《民事判决书》；孙某某、某技术公司连带承担70%赔偿责任；水务局承担20%赔偿责任；梁某某自担10%赔偿责任；供电公司不承担赔偿责任；驳回梁某某的其他诉讼请求；驳回某技术公司的反诉请求。

终审判决后，水务局和孙某某不服，分别向甘肃省高级人民法院申请再审。甘肃省高级人民法院先后以〔2019〕甘民申381号《民事裁定书》、〔2019〕甘民申966号《民事裁定书》：驳回白银市某区水务局、孙某某的再审申请。

案例分析

本案的争议焦点其实很简单，就是本案赔偿主体、数额、责任比例如何认定？鉴于篇幅所限和本书编撰目的，在以下分析中对梁某某人身损害具体赔偿项目及数额、伤残等级、某技术公司反诉等法理不再进行分析，仅对本案赔偿责任主体、法律关系及责任承担如何认定分析如下：

1.关于孙某某、梁某某之间的法律关系以及应承担的赔偿责任问题

孙某某、梁某某之间为雇佣法律关系。雇佣关系是指雇工在一定或不特定的期间内，从事雇主授权或者指示范围内的生产经营活动或其他劳务活动，雇主接受雇工提供的劳务并按约定给付报酬的权利义务关系。本案中，梁某某受孙某某雇佣，并在其安排、分配下从事劳务活动获得报酬，因此，梁某某作为雇员在从事雇佣活动中遭受人身损害，雇主孙某某依法亦应承担赔偿责任。根据《中华人民共和国电力法》第五十四条"任何单位和个人需要在依法划定的电力设施保护区内进行可能危及电力设施安全

的作业时，应当经电力管理部门批准并采取安全措施后，方可进行作业"及《中华人民共和国侵权责任法》第三十五条"个人之间形成劳务关系，提供劳务一方因劳务造成他人损害的，由接受劳务一方承担侵权责任，提供劳务一方因劳务自己受到损害的，根据双方各自的过错承担相应的责任"的规定，孙某某作为雇主明知其雇员梁某某作业地离高压线较近，存在极大的安全隐患，由于其对施工场所及周边环境缺乏必要的安全意识，在工作过程中不按规范操作，不告知雇员安全注意事项，在未经得电力管理部门许可并采取必要安全措施的情况下，擅自安排梁某某在靠近高压线的电杆进行施工作业，孙某某的行为与梁某某遭受的损害有直接因果关系，且其过错是导致本案触电事故发生的主要原因，应承担主要赔偿责任。同时，梁某某作为完全民事行为能力人，明知所处区域属于高度危险区域，但其漠视高压高空的危险性，对作业环境存在的危险性未尽到必要的安全注意义务，导致触碰高压线路受伤，故其对损害结果的发生亦存在过错，根据《中华人民共和国侵权责任法》第二十六条"被侵权人对损害的发生也有过错的，可以减轻侵权人的责任"的规定，应对其自身损失承担一定的责任。

2.关于某技术公司应否对梁某某损害承担连带责任问题

最高人民法院《关于审理人身损害赔偿案件适用法律若干问题的解释》第十一条第二款规定："雇员在从事雇佣活动中因安全生产事故遭受人身损害，发包人、分包人知道或者应当知道接受发包或者分包业务的雇主没有相应资质或者安全生产条件的，应当与雇主承担连带赔偿责任。"本案中，某技术公司与孙某某签订《通信施工承包合同》，将通信施工工程分包给不具备相应建设工程施工资质的孙某某，并为梁某某办理了保险。某技术公司在明知孙某某既无相应建设工程施工资质也无安全生产条件的情况下，仍然交由孙某某施工，具有选任不当的过失，虽然某技术公司与孙某某签订的合同约定施工中出现的安全事故孙某某承担全部责任，把只有企业才能承担的风险转给实力有限的自然人承担，但该免责约定损害劳动者合法权益，因违反了《中华人民共和国合同法》第五十三条"合同中的下列免责条款无效：（一）造成对方人身伤害的；（二）因故意或者重大过失造成对方财产损失的"之规定而无效，不受法律保护，故某技术公司应当与孙某某就梁某某受到的人身损害承担连带赔偿责任。

3.关于涉案电力设施经营者的认定及应承担的赔偿责任问题

《中华人民共和国侵权责任法》第七十三条规定："从事高空、高压、地下挖掘活动或者使用高速轨道运输工具造成他人损害的，经营者应当承担侵权责任，但能够证明损害是因受害人故意或者不可抗力造成的，不承担责任。被侵权人对损害的发生有过失的，可以减轻经营者的责任。"由此看出，由于高压活动具有高度危险性，从事高压活动造成他人损害的，承担责任主体为经营者，本条所述经营者，应当是指对高压危险具有控制、管理并享受运行利益的人。《中华人民共和国合同法》第一百七十八条规定："供用电合同的履行地点，按照当事人约定；当事人没有约定或者约定不明确的，供电设施的产权分界处为履行地点。"由此可见，电能的所有权及经营权在经过产权分界点后，就完成了交付，实现了权利的交接。电能需以电力设施作为载体，通常供电公司将电能通过产权分界点后，享有电能管理及运行、支配利益的人为电力设施的产权人，即拥有电力设施产权并持有电能进行经营的人为用电企业而非供电公司，此时用电企业即为侵权责任法第七十三条所述经营者。本案中，梁某某发生高压电击伤事故后，某技术公司申请白银市平川区公证处现场进行摄像拍照，证实涉案供电设施位于白银市平川区火车站西面约20米处中区变114水务局人饮工程支线69、70号杆处，涉案供电设施产权人系被上诉人白银市某区水务局。另外，供电公司与水务局签订《高压供用电合同》，约定了供、受电设施产权分界及维护责任的分界点，明确了各自对各自产权范围内的设施进行管理维护，对各自产权范围内发生的事故由各自负责。该约定并不违反法律、法规强制性规定，亦无免除自己责任加重对方责任的情形，为有效约定。因此，水务局为侵权责任法第七十三条所述经营者，其应按照产权归属范围负责电力设施的维护、日常管理和安全工作。水务局作为涉案高压电能的经营者和运行收益的享有者，有义务对其专用电力线路上的电力设施特别是具有高度危险的高压电力线路和设施进行定期检修和维护，更有义务在发现危害供电安全的施工行为时及时制止并采取相关措施，本案发生事故的高压线距地高度为5.13米，未达到安全距离，不符合相关电力规范的规定，且本身存在安全隐患，水务局作为本案涉案的电力设施的产权人和维护管理责任人，在高压线路附近一定范围内未设立警示标志和安全提示，其没有尽到保障安全运行的维护管理义务，对于消除安全隐患及所架设的高压线路不符合相关规定存有过错。对危害供用电安全的施工行为未及时制止，亦未对电力线路和设施进行定期检修和维护，是导致梁某某触电事故发生的原因之一，与事故的发生存在因果关系，应承担相应的民事责任。根据国务院《电力供应与使用条例》第十七条第三款的规定："用户专用的供电设施建成投产后，由用户维护管理或者委托供电企业维护管理。"《供电营业规则》第四十六条规定，用户独资、合资或集资建设的输电、变电、配电等供电设施建成后，其运行维护管理按以下规定确定："属于用户专用性质，但不在公用变电站内的供电设施，由用户运行维护管理。如用户运行维护管理确有困难，可与供电企业协商，就委托供电企业代为运行维护管理有关事项签订协议。"《供电营业规则》第四十七条规定："供电设施的运行维护管理范围，按产权归属确定。"本案中，水务局未委托供电公司对其产权范围内供电设施进行维护管理，不能以自己是用电人为由认定自己并非涉案供电设施实际经营者，更不能以此为由主张免责。对于非因供电企业的责任而发生的电力运行事故，供电企业不对其承担人身损害赔偿责任，电力设施经营者作为从事高压电力危险作业人，依法应对触电人身损害承担无过错责任。供电公司不是涉案供电设施的产权人和经营管理人，一审法院认定本案经营者为供电公司并判决由其承担赔偿责任是错误的，白银市中级法院最终予以纠正是正确的。

4.关于本案梁某某人身损害赔偿责任承担比例问题

本案触电事故发生于梁某某为孙某某提供劳务活动中，事故所致损害涉及雇主责任、工程发包人责任、电力经营者责任、受害者自身责任。对因高压电击伤引起的人身损害是由多个原因造成的，各行为人应当按照其行为与损害结果之间的原因力大小承担相应的民事责任。致害人的行为是损害后果发生的主要原因，应当承担主要责任；致害人的行为是损害后果发生的非主要原因，则承担相应的责任。本案责任主体众多，如何划分各方责任，应从各责任主体的过错程度、因果关系大小等方面综合考虑各方的责任程度。根据《最高人民法院关于审理人身损害赔偿案件适用法律若干问题的解释》第三条第二款"二人以上没有共同故意或者共同过失，但其分别实施的数个行为间接结合发生同一损害后果的，应当根据过失大小或者原因力比例各自承担相应的赔偿责任"的规定，孙某某作为雇主应当知道施工地点有高压线经过，因此，在梁某某进入高压危险区作业时，应当采取充分的安全防范措施，严格遵守高空安全作业规程进行施工，因其忽视安全管理，在施工现场没有采取任何安全防范措施，即安排雇员梁某某进入具有危险隐患的施工场地进行施工，是导致本案事故发生的主要原因，应承担主要责任。某技术公司将工程分包给孙某某时未对其是否具备相应建设工程施工资质及安全生产条件进行审查，具有选任不当的过失，应与孙某某一起对梁某某的损害承担连带赔偿责任。梁某某在施工作业过程中理应对周边环境的安全具有必要的认识，因其疏忽大意导致事故的发生，其应承担相应责任。水务局作为涉案电力设施的产权人及经营者，未提供证据证实本案事故是梁某某故意造成，因此水务局在本案中不具有免责事由，亦未提供证据证实其在涉案地点采取了相关保护措施，未尽到保证高压线路安全运行的注意义务，应负次要责任。本案所涉触电人身损害事故不属于因供电企业的责任而发生的电力运行事故，供电公司并非涉案供电设施的经营者，其行为与该起人身触电伤亡损害结果没有因果关系及过错，不应承担民事赔偿责任。综上所述，根据本案事实及造成损害的原因力大小综合分析后，应当由孙某某、某技术公司连带承担70%的民事赔偿责任，由水务局承担20%的民事赔偿责任，由梁某某自行承担10%的民事赔偿责任较为适宜。

☼ 工作建议

1.坚持"电力设施产权人即经营者"的庭辩理念。该案关键的争议的焦点就是"谁是致原告触电的高压线路的经营者"。通观庭审，白银公司遵循三个坚持：坚持供用电合同是平等主体之间签订的合同，在不违反法律、法规强制性规定的情况下，合同有效，因此合同双方应依据合同享受权利并承担义务，也符合权利义务相一致的原则；坚持强调电能及电能交易的特殊性，电能的所有权和经营权在经过产权分界点的瞬间即完成了交付，实现了权利的转让，经营者就应当是持有电能进行经营的人，即电力设施产权人；坚持电能经历生产、运输、交易、利用等多个环节，每个环节的经营者都分属不同的主体，法律规定的"经营者"并非仅指供电企业的经营者，也应包括用电企业的经营者。

2.高度重视《供用电合同》相关条款约定的严肃性。应严格规范供用电合同签订，对于内容不规范的及时更正；加强供用电合同档案管理，杜绝档案丢失、毁损情况发生；对实际供电方式发生改变的，及时变更合同并确保与用户签订的供用电合同内容与实际情况相一致；严格业扩报装流程，尽量避免在客户资产上批复其他用户用电方案，必要情况下，应取得相关方书面同意；合同已过有效期限的，及时续签新合同。

3.完善社会人员触电事故处理流程。根据《供电营业规则》第六十二条规定，用户发生人身触电死亡的用电事故，应及时向供电企业报告，供电企业接到用户上述事故报告后，应派员赴现场调查，在七天内协助用户提出事故调查报告。对于发生人身触电死亡的，供电公司应当进行现场调查并制作事故调查报告。因此，供电企业在遇到社会人员触电事件时，应当促成当地安监局、工信委等电力管理部门牵头，供电企业配合，及时到现场开展调查并制作事故调查报告。

马某某等诉国网某县供电公司
触电人身损害赔偿责任纠纷案

🖊 案件总体描述

电力设施的管理者、经营者对电力设施造成人员伤亡承担赔偿责任。

🔑 关键词

人身损害/违法建筑/重大过失

⚖ 相关法条

1.《中华人民共和国民法典》第一千二百四十条

从事高空、高压、地下挖掘活动或者使用高速轨道运输工具造成他人损害的，经营者应当承担侵权责任；但是，能够证明损害是因受害人故意或者不可抗力造成的，不承担责任。被侵权人对损害的发生有重大过失的，可以减轻经营者的责任。

2.《中华人民共和国电力法》第五十三条

电力管理部门应当按照国务院有关电力设施保护的规定，对电力设施保护区设立标志。

任何单位和个人不得在依法划定的电力设施保护区内修建可能危及电力设施安全的建筑物、构筑物，不得种植可能危及电力设施安全的植物，不得堆放可能危及电力设施安全的物品。

在依法划定电力设施保护区前已经种植的植物妨碍电力设施安全的，

应当修剪或者砍伐。

3.《中华人民共和国电力法》第五十四条

任何单位和个人需要在依法划定的电力设施保护区内进行可能危及电力设施安全的作业时，应当经电力管理部门批准并采取安全措施后，方可进行作业。

4.《电力设施保护条例》第十条

电力线路保护区：

（一）架空电力线路保护区：导线边线向外侧水平延伸并垂直于地面所形成的两平行面内的区域，在一般地区各级电压导线的边线延伸距离如下：

1~10千伏：5米；

35~110千伏：10米；

154~330千伏：15米；

500千伏：20米。

在厂矿、城镇等人口密集地区，架空电力线路保护区的区域可略小于上述规定，但各级电压导线边线延伸的距离，不应小于导线边线在最大计算弧垂及最大计算风偏后的水平距离和风偏后距建筑物的安全距离之和。

（二）电力电缆线路保护区：地下电缆为电缆线路地面标桩两侧各0.75米所形成的两平行线内的区域；海底电缆一般为线路两侧各2海里（港内为两侧各100米），江河电缆一般不小于线路两侧各100米（中、小河流一般不小于各50米）所形成的两平行线内的水域。

5.《电力设施保护条例》第十五条

任何单位或个人在架空电力线路保护区内，必须遵守下列规定：

（一）不得堆放谷物、草料、垃圾、矿渣、易燃物、易爆物及其他影响安全供电的物品；

（二）不得烧窑、烧荒；

（三）不得兴建建筑物、构筑物；

（四）不得种植可能危及电力设施安全的植物。

📄 基本案情

原告：马某某，邓某林、邓某妹

被告：国网某县供电公司

诉讼请求：被告赔偿人身损害各项损失 721 847.7 元，并承担案件诉讼费用。

原告系受害人家属。2020 年 6 月 29 日，受害人邓某某在位于康乐县草滩乡达洼河村和乐沟门 6 号的丈人家中搭建彩钢棚，不慎触碰到高压线导致身亡。原告诉诸康乐县人民法院。

经审理，2020 年 9 月 21 日，康乐县人民法院作出〔2020〕甘 2922 民初 1120 号《民事判决书》，判决被告康乐县供电公司承担 30% 的赔偿责任。被告康乐县供电公司不服，向临夏州中级人民法院提起上诉。2020 年 12 月 17 日，临夏州中级人民法院以〔2020〕甘 29 民终 1001 号《民事判决书》，判决驳回上诉，维持原判。

🔍 案例分析

本案是一起高压触电人身损害赔偿责任纠纷，归责原则适用无过错责任原则，即只要不能证明损害是因受害人故意或者不可抗力造成的，高压线路经营者就承担侵权责任，而不问经营者有无过错。本案中，受害人对死亡的后果没有故意，法院判令线路经营者供电企业承担 30% 的赔偿责任是符合法律规定和立法精神的。无过错责任的立法精神本质上是法律对从事高空、高压、地下挖掘活动或者使用高速轨道运输工具者对周围环境或者人的一种补偿和限制。只是近年来各地法院对无过错责任比例没有一个统一标准，有的甚至高达 80%，这一点应当引起供电企业高度重视，争取在电力立法中予以明确。

涉案高压线数年前修建在先，本案雇主即房屋主人马某某于 2020 年擅自加高地基在后，地基加高后供电企业高压线与地面的距离仍符合国家标准，充分说明涉案线路对地距离是没有问题的。本案受害人邓某某为成年人，具备完全民事行为能力，对日常用电具有危险性有明确的辨识和认知能力。其明知有高压线经过，在未对通过彩钢棚上空的高压线路做任何安全防护措施的情况下进行施工，疏忽大意，盲目认为自己能够避免事故，而最终造成损害后果，实为重大过失，其疏于注意是事故发生的直接原因。法院判决受害人邓某某应负事故主要责任并无不妥。

依据《电力设施保护条例》第十条，《中华人民共和国电力法》第五十三条第二款规定、第五十四条规定，以及《电力设施保护条例》第十五条的规定，本案中线路架设在前，房屋主人马某某修建彩钢棚在后，而且马某某是在未获得相关部门批准的情况下私自修建彩钢棚，系违法建筑。其次，马某某作为雇主，应当预见可能发生的风险而没有预见，在相关人员不具备从事建房资质的情况下，以及在没有采取必要的安全措施情况下贸然作业，在对人员的选任上以及施工过程中的安全保障上均存在重大过错，也应该承担损害后果的赔偿责任。

☼ **工作建议**

1.加强巡视维护管理。一是日常巡视要按时、到位、细致且有记录，发现问题要及时处理，做好电力设施基础资料的管理，保证基础数据和资料全面、准确。二是对触电事故易发区域、易发时段增强巡检力度，对电力设施保护区内的施工现场针对性加大巡线频次，及时发现和阻止违法施工行为及其他危及线路安全运行的情况。三是建立完善对人口密集区、垂钓场所的常态化排查机制，重点排查线路下方违章建房、施工等作业行为，线路裸露、断线和低压下户线私拉乱接等安全距离不足的触电隐患。

2.加强电力设施警示标志管理。结合电力设施基本情况、运行特点以及常见触电事故发生原因，规范合理设置安全警示标志，并在日常运维过程中，增加对警示标志的专项检查，对发现警示牌破损、遗失的，应及时进行更换或对地面标牌埋设加固。

3.强化依法治企培训。有计划地组织全体员工尤其是项目一线的人员进行专业的法律风险知识培训学习，梳理触电人身损害案件处置中面临的主要问题，加强触电人身伤害事件的事前防范意识，促使员工坚守法治、安全的底线，提升员工法治理念、安全意识、证据搜集意识，保障安全供电、依规办事、依法管理。

4.事故发生后及时进行现场勘查和证据采集。一是一旦发生触电事故，案发单位应及时通知政府的安全生产监督部门和公安机关，联合进行事故调查取证。二是从法律诉讼的角度出发，搜集对自己有利的证据，包括：是否触电的因果关系证据，如医院诊断证明、公安机关死亡证明以及鉴定机构鉴定文书等；受害人过错证据，如会同当地政府安监部门进行现场勘查后，出具的现场勘查报告、派出所对知情人员的询问笔录、证人证言等；涉案线路的高度及水平距离证据，如专门机构的测量报告、鉴定机构的鉴定报告等；涉案线路现场安全警示证据，如公证机构对现场安全警示照片的公证书、证人证言；涉案线路的维护巡查证据，如企业巡线记录、第三方确认的维护记录；涉案隐患整改证据，如受害人及家属签章安全隐患整改通知（告知）书、安全告知书、录像；企业消除隐患的证据，如向相关部门报备、要求排除妨害等文书。

晏某、陆某某诉国网某县供电公司触电人身损害赔偿责任纠纷案

✏ 案件总体描述

因行为人的过失导致电力设施造成自身伤亡，电力设施的管理者经营者未排查电力设施隐患需承担过错责任。

🔑 关键词

人身损害/监护人/未成年人/监管责任

⚖ 相关法条

1.《中华人民共和国电力法》第六十条

因电力运行事故给用户或者第三人造成损害的，电力企业应当依法承担赔偿责任。电力运行事故由下列原因之一造成的，电力企业不承担赔偿责任：（一）不可抗力；（二）用户自身的过错，因用户或者第三人的过错给电力企业或者其他用户造成损害的，该用户或者第三人应当依法承担赔偿责任。

2.《供电营业规则》四十七条

供电设施的运行维护管理范围，按产权归属确定。

责任分界点按下列各项确定：1.公用低压线路供电的，以供电接户线用户端最后支持物为分界点，支持物属供电企业。2.10千伏及以下公用高压线路供电的，以用户厂界外或配电室前的第一断路器或第一支持物为分

界点，第一断路器或第一支持物属供电企业。3.35千伏及以上公用高压线路供电的，以用户厂界外或用户变电站外第一基电杆为分界点。第一基电杆属供电企业。4.采用电缆供电的，本着便于维护管理的原则，分界点由供电企业与用户协商确定。5.产权属于用户且由用户运行维护的线路，以公用线路分支杆或专用线路接引的公用变电站外第一基电杆为分界点，专用线路第一基电杆属用户。在电气上的具体分界点，由供用双方协商确定。

3.《供电营业规则》五十一条

在供电设施上发生事故引起的法律责任，按供电设施产权归属确定。产权归属于谁，谁就承担其拥有的供电设施上发生事故引起的法律责任。但产权所有者不承担受害者因违反安全或其他规章制度，擅自进入供电设施非安全区域内而发生事故引起的法律责任，以及在委托维护的供电设施上，因代理方维护不当所发生事故引起的法律责任。

4.《中华人民共和国电力法》第十九条

电力企业应当加强安全生产管理，坚持安全第一、预防为主的方针，建立、健全安全生产责任制度。电力企业应当对电力设施定期进行检修和维护，保证其正常运行。

5.《中华人民共和国民法典》第一千一百六十八条

二人以上共同实施侵权行为，造成他人损害的，应当承担连带责任。

6.《中华人民共和国民法典》第三十四条

监护人的职责是代理被监护人实施民事法律行为，保护被监护人的人身权利、财产权利以及其他合法权益等。

监护人不履行监护职责或者侵害被监护人合法权益的，应当承担法律责任。

📄 基本案情

原告：晏某、陆某某

被告：某村民委员会、某农机职业技术学校、国网某县供电公司、胡

某某、某财产保险支公司

第三人：某县人力资源和社会保障局

诉讼请求：要求被告承担各项经济损失共计72.0516万元，并承担案件诉讼费用。

原告系夫妻，2020年8月8日，原告之女陆星某随同其祖父到被告某农机职业技术学校领取电焊培训合格证，在闲暇时玩耍中触碰到裸露缠绕在某村民委员会广场西北角路灯杆上的黄色电线，导致触电死亡。经查，该起事故裸露电线为2020年5月初从被告某村民委员会楼西侧的活动板内接出，供某职业技术学校临时办公地点照明使用。2020年7月23日，胡某某驾驶的一辆白色厢式货运车行驶至该路段将黄色电线挂断，致使电线缠绕于路灯杆上。

原告遂将某村民委员会、某农机职业技术学校、国网某县供电公司、胡某某、某财产保险支公司诉至法院。

此案经过两审终审，一审宣判后国网某县供电公司不服上诉，二审驳回上诉维持原判。

经审理法院认为，某农机职业技术学校在开展培训班期间架设临时拉线，线路的产权人某村民委员会及使用人某农机职业技术学校应当对线路的安全管理承担责任，但二者均疏于管理，致使陆星某在玩耍中被裸露电线电击后死亡，二者均存在过错，应当各承担35%赔偿责任，并互负连带责任；国网某县供电公司虽非线路产权人，但某农机职业技术学校及某村民委员会违规拉线时间长达三个月，国网某县供电公司未能尽到监管职责，未对违法行为进行纠正，未对安全隐患进行排除，存在一定过错，应承担10%赔偿责任；胡某某驾驶车辆挂断电线后，既未消除隐患，又未向相关人告知，存在过错，应承担10%赔偿责任；某财产保险支公司作为被告胡某某车辆交强险和商业险的保险责任人，履行赔偿义务的前提是投保车辆发生保险合同约定的保险事故造成人身伤亡和财产损失，本案陆星某系触电死亡，死亡原因与保险事故无关，不承担责任；原告系陆星某的法定监护人，事故发生时，二人并未实际履行监护职责，未尽到监护责任，存在过错，应承担10%责任；某县人社局主要职责为对培训机构的管理，具体为对培训教师、方案、教材等情况进行监督考核，不包括对培训机构培训过程中因自行过错导致的他人伤亡的监管责任，故其不承担责任。

🔍 **案例分析**

本案中，致使原告触电的供电线路为低压线路，归责原则应当适用一般侵权归责原则，责任划分应当根据当事人各自过错比例承担。根据《供电营业规则》第五十一条"在供电设施上发生事故引起的法律责任，按供电设施产权归属确定"的规定，涉案线路产权人为某村民委员会，并非国网某县供电公司，法院判决由某村民委员会承担赔偿责任是正确的，但判决国网某县供电公司承担责任是错误的。目前的电力相关法律法规并未授予供电企业对电力用户具有行政意义上的管理责任，只是对电力业务本身授予供电企业诸多的监督管理权。司法实践中，监督到底是权利还是义务存在不少争议，这需要供电企业在今后的电力立法中作出努力。某农机职业技术学校作为线路实际使用人，对该线路更容易控制和管理，但其疏于管理，长期放任隐患于不顾，对损害的发生存在明显过错，应该承担责任；父母是孩子的法定监护人，监护义务是法定的，本案中死者为限制行为能力人，原告作为死者父母未尽到监护义务，对于本案损害的发生承担一定的责任是符合法律规定的。胡某某驾驶车辆挂断电线后，既未消除安全隐患，也未通知相关人员有效消除安全隐患，对本案损害后果的发生存在一定过错，应当承担必要的赔偿责任。本案系多因一果导致的损害，应由各侵权人共同承担赔偿责任。某财产保险支公司作为被告胡某某车辆交强险和商业险的保险责任人，履行赔偿义务的前提是投保车辆发生保险合同约定的保险事故造成人身伤亡和财产损失，本案陆星某系触电死亡，死亡原因与保险事故无关，不承担责任。

💡 **工作建议**

1.公司应加强对产权范围内线路的巡视维护管理。日常巡视要按时、到位、细致且有记录，发现问题要及时处理，做好电力设施基础资料的管理，保证基础数据和资料全面、准确。对触电事故易发区域、易发时段增强巡检力度，及时发现和阻止违法施工行为及其他危及线路安全运行的情况。要建立并完善对人口密集区、垂钓场所的常态化排查机制，重点排查线路下方违章建房、施工等作业行为、线路裸露、断线和低压下户线私拉乱接等安全距离不足的触电隐患。

2.要强化依法治企培训。有计划地组织全体员工尤其是项目一线的人员进行专业的法律风险知识培训学习，梳理触电人身损害案件处置中面临的主要问题，加强触电人身伤害事件的事前防范意识，促使员工坚守法治、安全的底线，提升员工法治理念、安全意识、证据搜集意识，保障安全供电。提高公司员工依规办事、依法管理、依法维护公司合法利益的意识，在发生触电案件时，对重要事实的答复、签字等应及时向公司汇报请示，未征得公司领导同意之前，不能自作主张对案件进行处理，避免给公司后续诉讼带来不利。

3.触电事故发生后应及时进行现场勘查和证据采集。一旦发生触电事故，公司应及时通知政府的安全生产监督部门和公安机关，联合进行事故调查取证。从法律诉讼的角度出发，搜集对自己有利的证据，包括：（1）线路产权证据；（2）是否触电的因果关系证据，如医院诊断证明、公安机关死亡证明以及鉴定机构鉴定文书等；（3）受害人过错证据，如会同当地政府安监部门进行现场勘查后，出具的现场勘查报告、派出所就知情人员的询问笔录、证人证言等；（4）涉案线路的维护巡查证据，如企业巡线记录、第三方确认的维护记录；（5）涉案隐患整改证据，如侵权人签字的安全隐患整改通知（告知）书、安全告知书、录像；（6）企业消除隐患的证据，如向相关部门报备、要求排除妨害等文书。

任某某诉国网某县供电公司、张某追偿权纠纷案

🖊 案件总体描述

违法分包中施工人员伤亡的，用工主体与造成事故方都应承担过错赔偿责任。

🔑 关键词

人身损害赔偿/违法分包/资质

⚖ 相关法条

1.《中华人民共和国民法典》第一千一百七十二条

二人以上分别实施侵权行为造成同一损害，能够确定责任大小的，各自承担相应的责任；难以确定责任大小的，平均承担责任。

2.《最高人民法院<关于审理人身损害赔偿案件适用法律若干问题的解释>》第十四条

丧葬费按照受诉法院所在地上一年度职工月平均工资标准，以六个月总额计算。

3.《最高人民法院<关于审理人身损害赔偿案件适用法律若干问题的解释>》第十五条

死亡赔偿金按照受诉法院所在地上一年度城镇居民人均可支配收入或者农村居民人均纯收入标准，按二十年计算。但六十周岁以上的，年龄每

增加一岁减少一年；七十五周岁以上的，按五年计算。

4.《最高人民法院<关于审理人身损害赔偿案件适用法律若干问题的解释>》第十六条

被扶养人生活费计入残疾赔偿金或者死亡赔偿金。

5.《中华人民共和国民事诉讼法》第一百七十条

第二审人民法院对上诉案件，经过审理，按照下列情形，分别处理：（一）原判决、裁定认定事实清楚，适用法律正确的，以判决、裁定方式驳回上诉，维持原判决、裁定；（二）原判决、裁定认定事实错误或者适用法律错误的，以判决、裁定方式依法改判、撤销或者变更；（三）原判决认定基本事实不清的，裁定撤销原判决，发回原审人民法院重审，或者查清事实后改判；（四）原判决遗漏当事人或者违法缺席判决等严重违反法定程序的，裁定撤销原判决，发回原审人民法院重审。原审人民法院对发回重审的案件作出判决后，当事人提起上诉的，第二审人民法院不得再次发回重审。

📄 基本案情

原告：任某某

被告：国网某县供电公司、张某

诉讼请求：（1）判决二被告连带赔偿李某某的死亡赔偿金等各项人身损害赔偿款450 000元的50%，即225 000元；（2）本案诉讼费用由二被告承担。

被告张某于2019年4月24日将五间彩钢房以29 500元的价格以包工包料的形式承包给原告任某某承建，双方未签订书面协议。修建款已全部给付原告。修建中原告任某某雇佣李某某在彩钢房工地务工。2019年5月8日，李某某在施工过程中不慎触及10千伏高压电线受伤，在送往医院抢救途中身亡。2019年5月11日，原告与死者家属协商赔偿450 000元，已实际支付300 000元，剩余150 000元未付，原告出具欠条一张。同时查明，国网某县供电公司所属10千伏电线为1999年架设，被告张某彩钢房2019

年4月修建，张某的五间彩钢房系在原有一层平顶房的基础上修建的二层，彩钢房侧面距10千伏电线约1.1米，不符合水平距离1.5米的行业标准。

原告任某某将张某和国网某县供电公司诉至法院，请求：（1）判决二被告连带赔偿李某某的死亡赔偿金等各项人身损害赔偿款450 000元的50%，即225 000元；（2）本案诉讼费用由二被告承担。

本案历经岷县人民法院和定西市中级人民法院四次审理，最终各方服判。

一审法院认为，原告任某某采用包工包料形式承包被告张某彩钢房修建，并雇佣李某某在张某一层房顶搭建彩钢房，因李某某疏忽大意，彩钢条碰到10千伏电线触电死亡，受害人李某某自己有一定责任；原告任某某无相应建筑资质而承包张某彩钢房的修建，亦有一定责任；因受害人系触电死亡，国网某县供电公司对其所有和管理的电力线路疏于管理，虽然国网某县供电公司下属供电所对涉案线路进行每季度巡视，但巡视的目的是电力线路自身的正常运行，是否对他人人身或财产形成妨害无规定、无记录，故岷县供电公司对供电线路有疏于管理的责任，对造成受害人触电死亡应承担相应责任；被告张某将彩钢房修建承包给无施工资质的原告施工，张某对施工人的选任有过失，应当承担相应责任。根据双方过错程度对死者家属赔偿的450 000元，分别承担相应责任，原告的诉讼请求部分成立，并据此判决如下：被告国网某县供电公司承担原告任某某给付死者家属450 000元的18%，即81000元；被告张某承担450 000元的2%，即9000元，以上款项限本判决生效后30日履行完毕。

任某某、国网某县供电公司不服一审判决，向定西市中级人民法院提起上诉。定西市中级人民以一审判决认定事实不清，裁定撤销岷县人民法院〔2019〕甘1126民初2529号民事判决，发回岷县人民法院重审。

岷县人民法院重审认为，因死者李某某是农村户口，根据法律规定，死亡赔偿金按照2019年农村居民人均可支配收入8804.1元/年计算，关于死者李某某的损失确定：死亡赔偿金：176 082元（8804.1元×20年），丧葬费：36 852元（73 704÷12×6），合计212 934元。综合考虑各方责任，法院酌情确定由死者李某某对损害后果承担15%的责任，即（212 934元×15%=31 940.1元），原告任某某承担60%的责任即（212 934元×60%=127 760.4元），国网某县供电公司承担10%的责任即（212 934元×10%=21 293.4元），张某承担15%的责任即（212 934元×15%=31 940.1元）。

任某某仍然不服重审判决，向定西市中级人民法院再次提起上诉。定西市中级人民法院经审理以重审判决认定事实清楚，适用法律正确为由驳回上诉，维持原判。本判决为终审判决。

案例分析

1.本案与一般的触电案件不同的是原告（起诉主体）不是受害人，因此，案件的归责原则不适用无过错责任，而是适用共同侵权的过错原则。共同侵权包括3种类型：（1）意思联络的共同侵权行为，意思联络的共同侵权行为就是典型的共同侵权行为，数人基于主观上的关联共同而侵害他人造成损害的侵权行为。（2）客观关联共同的共同侵权行为，数人既没有共同故意又没有共同过失，实施的行为直接结合，造成同一个损害结果的侵权行为（比如本案）。（3）共同危险行为，共同危险行为就是二人或二人以上共同实施有侵害他人权利危险的行为，并且已造成损害结果，但不能判明其中谁是加害人。共同侵权责任人承担连带责任，本案原告正是基于共同侵权原理起诉的。

2.原告任某某无相应建筑资质而承包张某彩钢房的修建，在施工过程中疏于管理，对安全重视不够，造成李某某触电身亡，原告任某某作为雇主应承担主要责任。李某某的死亡系"多因一果"造成的，各侵权人应当按照责任大小各自承担责任，在原告任某某已与死者李某某家属达成赔偿协议并履行的情况下，任某某有权向其他共同侵权人追偿。

3.因受害人系触电死亡，法院认定国网某县供电公司对其所有和管理的电力线路疏于管理，虽然国网某县供电公司下属供电所每季度对造成他人触电死亡的电线进行巡视，但巡视的目的是电力线路自身的正常运行，是否对他人人身或财产形成妨害无规定无记录，故而国网某县供电公司对供电线路有疏于管理的责任，对造成受害人触电死亡应承担相应责任。

4.被告张某将彩钢房修建承包给无施工资质的原告任某某施工，张某对施工人的选任有过失，应当承担相应责任。

死者李某某作为成年人，在施工过程中能够预见到工地与电线之间的安全距离不够，仍然不做安全防护，继续施工造成自身伤亡，其自身亦存在过错，应减轻侵权人的赔偿责任。

☼ 工作建议

本案带给公司的借鉴意义在于：重新审视原有的一直沿用的传统的各种工作记录模板，规范记录事项和内容。该案中法院以国网某县供电公司巡视的目的是电力线路自身的正常运行，巡视记录中"是否对他人人身或财产形成妨害"无规定、无记录为由，判令岷县供电公司承担责任，虽有点牵强，但不违法也不违背审判原则。此案提醒公司系统单位应当重新审视原有的一直沿袭下来的各种工作记录模板，从专业角度和社会角度去规范巡视项目和填写内容，加强线路巡视检查，规避社会法律责任，防患于未然。

第二篇

供用电合同纠纷案例

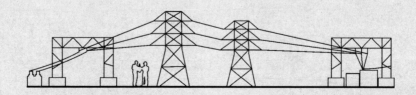

国网某县供电公司诉临洮县某砖厂供用电合同纠纷案

案件总体描述

出于缔约双方真实意思表示，且不违反法律、行政法规的强制性规定，合同成立且合法有效，缔约双方受此合同约束。

关键词

供电合同/电费/意思表示/违约

相关法条

1.《中华人民共和国民法典》第五百七十七条

当事人一方不履行合同义务或者履行合同义务不符合约定的，应当承担继续履行、采取补救措施或者赔偿损失等违约责任。

2.《中华人民共和国民法典》第五百零二条

依法成立的合同，自成立时生效，但是法律另有规定或者当事人另有约定除外。

3.《中华人民共和国民法典》第五百零九条

当事人应当按照约定全面履行自己的义务。当事人应当遵循诚实信用原则，根据合同的性质、目的和交易习惯履行通知、协助、保密等义务。

4.《中华人民共和国民法典》第九百八十五条

得利人没有法律根据取得不当利益的，受损失的人可以请求不当得利人返还取得利益，但有下列情形之一的除外：

（一）为履行道德义务进行的给付；

（二）债务到期之前的清偿；

（三）明知无给付义务而进行的债务清偿。

📄 基本案情

原告：国网某县供电公司

被告：临洮县某砖厂

诉讼请求：被告临洮县某砖厂支付拖欠的电费81 785.29元。

2013年4月11日，国网某县供电公司（以下简称原告）与临洮县某砖厂（以下简称被告）签订《高压供用电合同》，合同编号013。双方约定，原告通过张家湾变电站，以10千伏电压经陈家嘴线向被告供电，该砖厂变压器计算电量的互感器倍率为300/5安培，按照原告抄表数据进行结算，于每月10日前结清电费，供用电设施产权分界点为：01＃杆高压引流线并沟线夹向负荷侧10厘米处产权属用电人。原告依合同约定向被告供电。2015年12月24日，被告将计量装置进行改造，变压器暂停运行。2016年4月13日，被告的1号变压器恢复运行，改装后的变压器互感器倍率为400/5安培。由于原告工作人员的失误，仍然按照变压器互感器倍率为300/5安培向被告收取电费。2017年8月27日，原告在对变压器进行检查时发现，被告变压器互感器倍率实际为400/5安培后，经核算，2016年4月13日至2017年11月8日期间，2016年度被告共少计量用电量50 579度，合计电费43 247.8元，2017年被告共少计量用电量44 137度，合计电费38 537.49元，以上被告共计少缴纳电费81 785.29元。2020年8月，原告主动向法院提起诉讼。

本案经临洮县人民法院一审后双方服判。临洮县人民法院判决如下：

被告临洮县某砖厂于本判决发生法律效力后三十日内支付拖欠原告国网某县供电公司电费81 785.29元。

案件受理费1844元，减半收取计922元，由被告临洮县某砖厂负担。

案例分析

该起案件为供用电合同纠纷。

1.依法成立的合同，自成立时生效，当事人应按照合同约定全面履行自己的义务。国网某县供电公司与陈家嘴砖厂签订《高压供用电合同》系双方真实意思表示，不违反法律、行政法规的强制性规定，合同成立且合法有效，应当依法予以保护。合同成立后，国网某县供电公司依约向陈家嘴砖厂供电，履行了自己的义务，陈家嘴砖厂应按照约定及时履行缴纳电费的义务，否则，即构成违约，应承担相应的违约责任。

2.国网某县供电公司使用的电力资源属于国家所有，电力用户应当按照实际用电量，按照规定的电价足额缴纳用电产生的费用。虽然陈家嘴砖厂以后来更换互感器时，自己对更换后的变压器互感器倍率不知情为由提出抗辩，但其抗辩明显缺乏证据支持，其抗辩理由不能成立，陈家嘴砖厂应承担补交电费的责任。

3.即使陈家嘴砖厂以国网某县供电公司更换互感器时自己不知情为由提出抗辩，其抗辩理由亦不能成立，本案可能构成不当得利纠纷，陈家嘴砖厂无合同或法律依据，无正当理由客观上已经多用电少交了电费，使自己受益，造成国网某县供电公司遭受损失，国网某县供电公司根据《中华人民共和国民法典》第九百八十五条规定，可提起不当得利纠纷之诉，请求陈家嘴砖厂返还已经取得的利益。

工作建议

1.公司各部门之间加强沟通协调。供电部门更换用户互感器时，对变压器互感器倍率发生变化的，要及时通知电费结算人员按照新的变压器互感器倍率结算电费，避免因沟通不畅、信息不对称等工作失误造成用户拖欠电费。

2.公司业务部门应加强线损管理，定期开展线路巡查工作，建立问题台账定期消除制度，对发现的问题及时汇总处理，避免造成被动。

3.加强《中华人民共和国民法典》合同编及《供电营业规则》等法律法规的学习培训，就供用电合同规范管理及《中华人民共和国民法典》对合同管理的影响进行宣贯，结合公司近年发生的诉讼案件提示风险点，切实增强业务人员的合规管理、合法治理意识。

国网某州供电公司诉临夏市
某热力有限责任公司供用电合同纠纷案

📝 案件总体描述

合同生效后，一方违约另一方可请求其承担违约责任。

🔑 关键词

供电合同/电费/意思表示/违约责任

⚖ 相关法条

《中华人民共和国民法典》第六百五十四条

用电人应当按照国家有关规定和当事人的约定及时支付电费。用电人逾期不支付电费的，应当按照约定支付违约金。经催告，用电人在合理期限内仍不支付电费和违约金的，供电人可以按照国家规定的程序中止供电。

📄 基本案情

原告：国网某州供电公司

被告：临夏市某热力有限责任公司

诉讼请求：判令被告立即支付原告拖欠电费及违约金共计6 268 938.88元。

2018年11月12日，原告与被告签订了《高压供用电合同》，合同约定原告给被告供电，其中合同对电价、电费支付、违约责任等进行了约定。合同签订后，原告如约履行了供电义务，但被告自2019年2月9日起违背合同约定拖欠原告上一个月的电费，截至2019年4月9日累计拖欠原告电费5 860 537.91元。

为保障国有资产安全，确保判决的顺利执行，原告及时申请法院对被告相关资产进行了财产保全。后经法院主持，双方达成调解协议。

案例分析

原《中华人民共和国合同法》第一百八十二条规定："用电人应当按照国家有关规定和当事人的约定及时交付电费。用电人逾期不交付电费的，应当按照约定支付违约金。"双方签订的《高压供用电合同》第十二条约定了"每月一次性结清全部电费"的条款，第三十条约定了"每日按欠交额的千分之二支付违约金"条款，在原告如约履行了供电义务的情况下，被告自2019年2月9日起违背合同约定拖欠原告电费属违约行为，原告有权要求被告支付自2019年2月9日至2019年4月19日期间拖欠的电费本金5 860 537.91元以及违约金。事实上，在法院调解书作出后，被告已按调解书内容向原告支付了拖欠的电费本金以及违约金。此案的妥善解决不仅有效挽回了经济损失，保障了国有资产，而且向广大用电客户充分证明了供电企业执行政府电价的规范性和严肃性，也彰显了供电企业对电费回收的信心和决心，使用电人清醒认识到"电是商品"，受法律保护。同时，本案也是原告依法治企，运用法律武器保障自身权益的一次完美体现。

工作建议

一、加强对用电人资信的调查，强化事前风险防范

1.加强用电人主体资格的调查，包括对方主体是否依法成立，是否有必要的财产或经费，是否能独立承担民事责任。

2.加强用电人信用的调查，包括调查企业经营状况，了解对方的经营历史、用电人评价等商业信誉情况，关注用电人是否存在可能导致履约不

能的情形。

3.采取设立担保合同的事前防范措施。公司可以在订立合同阶段与用电人约定电费担保条款，担保方式包括质押、抵押、保证、留置、定金、债务承担等。在用电人不履行缴纳电费的义务时，公司可以依据事先签订的担保条款行使相应的权利以保障电费的回收。

二、综合运用各种措施，有效规避各类风险

1.建立专门的合同档案管理和预警机制，梳理各类供用电合同的履行期限，电费缴纳时间、方式等，并对可能存在的风险及时发出预警。

2.在用电人可能或者已经逾期缴纳电费时，及时采取各种措施积极催缴，如通过签订电费结算协议、签发催费通知书来中断电费债权的诉讼时效。

3.如果确有证据证明用电人存在丧失债务偿还能力或丧失商业信誉的情况下，在履行通知义务后，可通过中止对用电人供电的方式行使不安抗辩权，有效保障自身利益。如在合理期限内，用电人仍未恢复履行能力且不能提供担保的，可以解除供用电合同来避免损失的继续扩大。

4.在日常工作中善于争取有关方面的支持，如政府协调、欠费企业主管部门协调，从而实现电费的追缴。

三、及时运用法律手段，维护公司合法权益

1.针对用电人拖欠电费的行为，通过向法院申请支付令，以帮助企业有效实现债权。

2.在有充分的证据表明用电人故意放弃财产权利、逃避缴费义务时，可以行使代位权、撤销权等方式有效保障公司合法权益。

3.在依靠其他手段而无法回收欠费的情况下，及时依法向人民法院提起诉讼。

四、规范做好证据的搜集和固定工作

1.在日常工作中，如发现用电人预期违约或已实际违约，及时对有关证据进行有效固定保存，如《供用电合同》原件、电费催缴（停电）通知、催缴通知签收照片、用电人签章的欠费单、电量确认单、电费清单等有效证据函件，必要时可向用电人发出律师函，督促其履行义务。

2.在纠纷发生后，及时向法院申请诉前财产保全，以防诉讼判决后法院的判决无法执行。

国网某市供电公司诉定西市某供水有限公司供用电合同纠纷案

案件总体描述

供用电合同是供电人向用电人供电，用电人支付电费的合同。供用电合同的内容包括供电的方式、质量、时间等。

关键词

供电合同/电费/意思表示/违约

相关法条

1.《中华人民共和国电力法》第三十五条

电价实行统一政策、统一定价原则，分级管理。

2.《中华人民共和国电力法》第四十三条

任何单位不得超越电价管理权限制定电价。供电企业不得擅自变更电价。

3.《销售电价管理暂行办法》第三条

销售电价实行政府定价，统一政策，分级管理。

基本案情

原告：国网某市供电公司

被告：定西市某供水有限公司

诉讼请求：（1）请求法院判令被告向原告支付自2015年12月8日至2019年3月10日期间拖欠的超基数加价电费389 145.52元；（2）请求法院判令被告按每千瓦时加价0.02元的标准向原告支付自2019年3月11日至实际履行供电期间的超基数加价电费；（3）请求法院判令被告向原告支付违约金116 743.65元；（4）请求法院判令被告承担本案诉讼费。

2015年3月25日某市供电公司（以下简称"原告"）与定西市某供水有限公司（以下简称"被告"）双方签订《高压供用电合同》，合同约定原告给被告公司某水厂供电，合同履行中被告于2018年5月申请增容至5670千伏安，双方于2018年6月20日再次续订《高压供用电合同》，两合同均对电价、电费及支付、违约责任等进行了约定，且根据合同约定电价依据按计量装置的记录和政府部门批准的电价执行，而根据2014年3月25日甘肃省发展和改革委员会下发的《甘肃省发展和改革委员会关于定西市部分县区地表水排灌农村分类综合电价的函》甘发改商价函〔2014〕5号文件，被告属于农业排灌用电类别，除支付农业地表水提灌用电电费外，根据2007年4月3日甘肃省物价局下发的《关于进一步完善全省农业排灌电价管理的通知》甘价电力〔2007〕114号文件，被告还应执行0.02元/千瓦时的农业排灌超基数加价电费。合同签订后，原告按约向被告履行了供电义务，但被告自2015年12月8日开始违背合同约定以及甘价电力〔2007〕114号文件的规定不支付农业排灌超基数电价，自2015年12月8日起截至2019年3月10日，被告地表水排灌电量合计为19 457 276千瓦，拖欠原告超基数加价电费389 145.52元。依据原《中华人民共和国合同法》第一百八十二条"用电人应当按照国家有关规定和当事人的约定及时交付电费。用电人逾期不交付电费的，应当按照约定支付违约金"的规定以及《高压供用电合同》"被告逾期支付电费，应按欠交额的30%向原告支付违约金"的约定，原告将被告诉至定西市安定区法院，该案分配在安定区宁远法庭。

根据2014年3月25日甘肃省发展和改革委员会下发的《甘肃省发展和改革委员会关于定西市部分县区地表水排灌农村分类综合电价的函》甘发

改商价函〔2014〕5号文件，被告属于农业排灌用电类别，除支付农业地表水提灌用电正常电费外，当其实际用电量超出政府核定的该用户农业排灌基数电量时，超出部分电量还应根据2007年4月3日甘肃省物价局下发的《关于进一步完善全省农业排灌电价管理的通知》甘价电力〔2007〕114号文件收取0.02元/千瓦时的农业排灌超基数加价电费，同时2014年3月25日甘肃省发展和改革委员会下发的《甘肃省发展和改革委员会关于定西市部分县区地表水排灌农村分类综合电价的函》甘发改商价函〔2014〕5号文件并没有废止2007年4月3日甘肃省物价局下发的《关于进一步完善全省农业排灌电价管理的通知》甘价电力〔2007〕114号文件，且两个文件规范的是两个不同电价体系。甘发改商价函〔2014〕5号文规定的是该用户作为高扬程农业排灌应执行的基础目录电价，而甘价电力〔2007〕114号文规定的是其在目录电价之外应承担的超农排基数责任及应缴纳的超基数加价。

本案中供电人与用电人签订的《高压供用电合同》中，电价依据按计量装置的记录和政府部门批准的电价执行符合法律法规的规定，且是明确的。依据《中华人民共和国电力法》第三十五条"电价实行统一政策、统一定价原则，分级管理"，第四十三条"任何单位不得超越电价管理权限制定电价。供电企业不得擅自变更电价"以及国家发展和改革委员会制定的《销售电价管理暂行办法》第三条"销售电价实行政府定价，统一政策，分级管理"的规定，供用电合同中电价是由政府统一定价，由供电人与用电人共同执行。2007年4月3日甘肃省物价局下发的《关于进一步完善全省农业排灌电价管理的通知》甘价电力〔2007〕114号文件中超基数加价电费应予执行。

本案中被告向原告支付了2015年4月至2015年12月8日的农业排灌超基数加价电费73 120.94元，其称不执行超基数加价电费无事实和法律依据。

本案中被告违约不按时支付农业排灌超基数加价电费，其应依法向原告支付违约金。

案例分析

原告提供的《企业信用信息公示报告》，原、被告提供的《高压供用电合同》2份、甘发改商价函〔2014〕5号文件、甘价电力〔2007〕114号文件、电费清单；被告提供的甘肃省国家税务局通用机打发票、通存通兑电子补充凭证–客户回单。上述证据间具有真实性、合法性和关联性，应作为定案依据，予以确认。原告提供的某水厂一级泵站扬程的说明、陇西县灌溉管理所执行农业排灌超基数加价电费确认表与本案无关联性；临洮水务局庆坪水厂执行超基数加价电费的明细，目录电费为定西地表水提灌农村综合分类电价H>300，与本案无关联性；陇西供电函〔2015〕14号、〔2018〕128、140号文件、陇西县城郊供电公司发文登记表及录音与本案原告非同一主体；2015年12月8日至2019年3月10日超基数加价电量电费明细表与电费清单的日期、内容不符。故对上述证据，不予采信。

经审理查明，定西某水厂于2018年11月20日变更为定西某供水有限公司。2015年3月25日，原告某市供电公司与定西某水厂签订《高压供用电合同》约定，原告为某水厂提供农业排灌供电，用电计量：计量装置装设在定西某水厂高压计量箱处，记录数据作为用电人定西地表水提灌农村分类综合电价200<H≤300米用电量的计量依据，计量方式为高压侧计量；抄表周期为1月，抄表例日为每月15号，抄表方式：用电信息采集装置自动抄录方式；供电人根据用电计算装置的记录和政府主管部门批准的电价（包括国家规定的随电价征收的有关费用），与用电人按照本合同约定时间和方式结算电费；在合同有效期内，如发生电价和其他收费项目费率调整，按政府有关电价调整文件执行；合同有效期为五年，自2015年3月25日起至2020年3月24日止。在合同的履行过程中，供用电双方于2018年6月20日修订《高压供用电合同》约定：抄表周期为1月，抄表例日为10日，抄表方式：人工/自动抄录方式；供电人根据用电计算装置的记录和政府主管部门批准的电价（包括国家规定的随电价征收的有关费用），与用电人定期结算电费，在合同有效期内，如发生电价和其他收费项目费率调整，按政府有关电价调整文件执行；合同有效期为四年，自2018年6月20

日起至 2022 年 6 月 19 日止。用电单位在《高压供用电合同》的履行过程中，向供电单位全额履行了 2016 年 1 月至 2019 年 3 月期间的电费。

在审理中同时查明，2007 年 4 月 3 日，甘肃省物价局下发《关于进一步完善全省农业排灌电价管理的通知》甘价电力〔2007〕114 号文件规定：为支持全省农业发展和地方经济建设，考虑到当前灌区用户的承受能力，暂对全省农业排灌超基数电量电价加价政策进行完善和调整，地表水超基数农业排灌电价在现行各扬程基数内电价基础上，暂由原每千瓦时加价 0.05 元降为每千瓦时加价 0.02 元执行；本通知自 2007 年 1 月 1 日起执行。2014 年 3 月 25 日，甘肃省发展和改革委员会下发《甘肃省发展和改革委员会关于定西部分县区地表水排灌农村分类综合电价的函》甘发改商价函〔2014〕5 号文件规定：对定西安定区、陇西县等县区地表水排灌农村分类综合电价予以明确：提水扬程大于 200 米且小于等于 300 米，电价为 0.190 5 元/千瓦时；上述电价自 2014 年 4 月 1 日起执行。

本院认为，供用电合同是供电人向用电人供电，用电人支付电费的合同。供用电合同的内容包括供电的方式、质量、时间，用电容量、地址、性质，计量方式，电价、电费的结算方式，供用电设施的维护责任等条款。本案原、被告签订的《高压供用电合同》，对供用电合同的内容进行了明确具体的约定，且双方均按合同约定的内容全面履行了权利、义务，故原、被告签订的《高压供用电合同》符合法律规定，应受法律保护。原告主张判令被告向原告支付自 2015 年 12 月 8 日起至实际履行供电期间的超基数加价电费的请求，在原、被告签订《高压供用电合同》中未明确约定，但根据该合同约定的用电计量：计量装置装设在定西某水厂高压计量箱处，记录数据作为用电人定西地表水提灌农村分类综合电价 200<H≤300 米用电量的计量依据，计量方式为高压侧计量。且甘发改商价函〔2014〕5 号文件规定：对定西安定区、陇西县等县区地表水排灌农村分类综合电价予以明确：提水扬程大于 200 米且小于等于 300 米，电价为 0.190 5 元/千瓦时。在合同履行过程中，被告按合同约定的记录数据作为用电人定西地表水提灌农村分类综合电价 200<H≤300 米用电量的计量依据，依据合同约

定，被告已全额履行了交纳电费的义务。原告主张的依据甘肃省物价局下发《关于进一步完善全省农业排灌电价管理的通知》甘价电力〔2007〕114号文件规定：地表水超基数农业排灌电价在现行各扬程基数内电价基础上，暂由原每千瓦时加价0.05元降为每千瓦时加价0.02元执行的请求，缺乏合同约定的支持；且原告在电费年月2016年1月至2019年3月期间的电费清单的交易习惯中，未有超基数加价电费的明确告知或提示，原告应对其主张承担举证不能的法律后果。

☼ 工作建议

1.做好电价执行中具体电价项目的系统维护，并及时向客户送达，要求其执行。

2.向用电人发送的函件，形成对方签收的有效回执。

3.重大协议签署以及相关函件发送前应与专业律师沟通注意事项，并报领导审阅后签章。

唐某某诉张掖市自然资源局某分局、国网某区供电公司行政行为纠纷案

案件总体描述

诉讼参与人可追加与案件有利害关系的诉讼主体为第三人。

关键词

行政行为/第三人

相关法条

1.《中华人民共和国行政强制法》第四十三条第二款

行政机关不得对居民生活采取停止供水、供电、供热、供燃气等方式迫使当事人履行相关行政决定。

2.《中华人民共和国行政诉讼法》第七十六条第一款、第三款

当事人可以就查明事实的专门性问题，向人民法院申请鉴定，当事人未申请鉴定，人民法院应当按照法定程序，全面地、客观地审查核实证据。

3.《甘肃省党政领导干部违反国土资源管理规定行为问责办法》第八条

参与国土资源管理的相关部门未依法履行管理职责，有下列情形之一的，对责任领导和负有责任的领导干部实施问责：第（六）项供电、供水、供气、通讯等市政部门在当事人未取得用地和矿业审批手续的情况

下，为其土地、矿业开发项目提供相关市政配套服务。

4.《中华人民共和国民事诉讼法》第二条第一款

中华人民共和国民事诉讼法的任务，是保护当事人行使诉讼权利，保证人民法院查明事实，分清是非，正确适用法律，及时审理民事案件，确认民事权利义务关系，制裁民事违法行为，保护当事人的合法权益，教育公民自觉遵守法律，维护社会秩序、经济秩序，保障社会主义建设事业顺利进行。

📄 基本案情

原告：唐某某

被告：张掖市自然资源局某分局

第三人：国网某区供电公司（以下简称"供电公司"）

诉讼请求：确认被告对原告涉案建筑物停止供电的行为违法，并责令被告立即恢复对原告建筑物的供电。

原告唐某某系张掖市甘州区三闸镇二闸村人，其在该村享有416.3平方米的宅基地使用权。2020年12月3日，被告分别向原告及第三人送达了《张掖市自然资源局甘州分局关于三闸镇二闸村一社唐某某、李某某违法建筑物停止供电建议函》，该函确定："三闸镇二闸村一社唐某某、李某某未经批准，非法占用甘州区三闸镇二闸村一社集体土地332.51平方米、302.22平方米修建后院，该区域内的建筑物在建设时未取得土地、建设等相关审批手续，属于违法建筑物，并存在重大安全隐患。为切实消除安全隐患，严格用地行为，根据《中华人民共和国土地管理法》有关规定，于2020年11月25日和12月3日分别下发了《自然资源行政处罚决定书》（甘州自然资源罚字〔2020〕44号、甘州自然资源罚字〔2020〕55号），现当事人自行搬离并拆除违建房屋的期限已满，下一步将进行强制拆除程序。现将该违规供电行为告知贵公司，建议贵公司督促内部相关科室对该违法行为不予供电或停止供电。"第三人收到上述《建议函》后，对原告宅基地上修建的建筑物及被告作出的《建议函》中所称的"违法建筑"实施了停电行为。原告认为被告行为违法，严重侵害原告合法权益，遂提起诉讼。

法院在审理过程中查明，原告对被告于2020年11月25日向其作出的（甘州自然资源罚字〔2020〕44号）《自然资源行政处罚决定书》已提起行政诉讼，且正在审理中。

目前，法院认定被告通过发《停止供电建议函》的形式要求第三人对原告的"违法建筑"停电的事实属于行政事实行为，该行为对原告的权利义务产生了影响，依法属于行政诉讼的受案范围。第三人依据《停止供电建议函》作出的停电行为，系辅助或者配合被告完成相关工作，第三人对《停止供电建议函》中所述的"违法建筑"不具有判断能力，也没有判断义务，实施该行为不属于其真实意思表示，造成的法律后果也不应当由其承担，而应当由被告来承担。对原告宅基地上修建的建筑物停电的行为，因该部分并不包含在被告作出的《停止供电建议函》所认定的"违法建筑"范围之内，应由原告与第三人另案解决。对原告要求被告立即恢复供电行为的诉请，因不属于被告职责，不予支持。判决：（1）确认被告要求第三人对原告唐某某在的三闸镇二闸村一社集体土地332.51平方米上修建的建筑物停止供电的行为违法。（2）驳回原告其他诉讼请求。

🔍 案例分析

行政法律行为，指行政主体行使行政权力，产生法律效果以实现国家行政管理目的的行为，能形成行政法上的权利义务关系。行政事实行为是指行政主体基于职权实施的不能产生、变更或者消灭行政法律关系的行为，具有行政性、不能产生、变更或者消灭行政法律关系、可致权益损害性的行政行为。章建生教授认为，行政事实行为是指行政主体以不产生法律约束力，而以影响或改变事实状态为目的行为。这一行为不为行政主体的主观意图左右，如行政机关的执法人员在强制拆除违章建筑过程中，将建筑内的合法财产损坏，这就是一种行政事实行为，行为的后果是实际存在的，不能恢复到行为前的状态，这种行为不能像具体行政行为那样被有权机关撤销或变更，也不存在生效的问题。当事人认为行政事实行为对自身权益造成损害的，可以向人民法院提起行政诉讼。本案中，被告正是实施了以不产生法律约束力，而以影响或改变事实状态为目的的行为，法院认定被告的行为属于行政事实行为是准确的。正是在这个意义上，被告对第三人用了"建议"这个词。本案对第三人来讲属于险胜，法院在审理过程中或许是从定纷止争的角度，作出"第三人依据被告《停止供电建议函》作出的停电行为，系辅助或者配合被告完成相关工作，第三人对《停止供电建议函》中所述的"违法建筑"不具有判断能力，也没有判断义务，实施该行为不属于其真实意思表示，造成的法律后果也不应当由其承担，而应当由被告来承担"的认定，理由不是非常充分，这应当引起第三人的警觉，从多方面加强相关专业部门和人员的行政法律常识。"建议"不是命令，不具有法律强制力，这是通常的一般人的理解。

《中华人民共和国行政强制法》第四十三条规定："行政机关不得对居民生活采取停止供水、供电、供热、供燃气等方式迫使当事人履行相关行政决定。"本案中，被告通过发《停止供电建议函》的形式要求第三人对原告的"违法建筑"停电的行为不仅违反了上述法律规定，而且对原告的权利义务产生了实质上的影响。被告提供的证据不足以证明建议第三人对其所称"违法建筑"停电的行为具有合法性，因此，法院对原告要求确认被告对案涉"违法建筑"停止供电行为违法的诉讼请求予以支持是正确的。

☼ 工作建议

1.供电企业在协助行政机关停电过程中，应当要求行政机关出具书面《协助执行停电通知书》。任何口头形式、《会议纪要》形式、座谈会或协调会形式、个别领导或个人作出的决定，程序均不合法，不能作为协助执行的依据。供电企业在作出协助停电的决定后，应严格按照《供电营业规则》第六十七条、第六十九条的规定履行停电程序和恢复供电程序。

2.供电企业在协助行政机关停电过程中，应仔细甄别作出协助执行决定的行政主体是否适格，并由法律归口管理部门对《协助执行停电通知书》进行合法性、合规性审核。

3.采取停电措施前，对可能造成的法律后果和损失，书面告知相关政府部门，并要求政府部门出具因停电造成的法律后果和损失由其承担的书面材料。

第三篇

一般人身损害赔偿纠纷案例

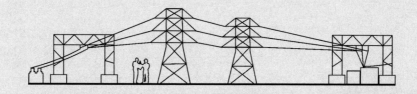

卡某某诉国网某市供电公司
人身损害赔偿责任纠纷案

🖋 案件总体描述

　　劳务关系存续期间，提供劳务者受到人身损害，雇主应当承担赔偿责任，提供劳务者承担过错责任。

🔑 关键词

　　人身损害/事故责任认定书/警示标志/过错责任

⚖ 相关法条

　　1.《中华人民共和国道路交通安全法》第十三条第一款

　　对登记后上道路行驶的机动车，应当依照法律、行政法规的规定，根据车辆用途、载客载货数量、适用年限等不同情况，定期进行安全技术检验。

　　2.《中华人民共和国道路交通安全法》第十九条第一款

　　驾驶机动车，应当依法取得机动车驾驶证。

　　3.《道路交通处理程序规定》第六十条第一款

　　公安机关交通管理部门应当根据当事人的行为对发生道路交通事故所起的作用以及过错的严重程度，确定当事人的责任。

　　（一）因一方当事人的过错导致道路交通事故的，承担全部责任。

4.《供电设施保护条例实施细则》第四条

对危害电力设施安全的行为，电力企业有权制止并可以劝其改正、责其恢复原状、强行排除妨害、责令赔偿损失、请求有关行政主管部门和司法机关处理，以及采取法律、法规或政府授权的其他必要手段。

5.《甘肃省电网建设与保护条例》第二十三条

电网设施与公用工程、城市绿化和其他工程在新建、改建、扩建中相互妨碍时，按照依法建设和投入使用在先的原则协商解决；协商不成的，由规划在后者承担迁移、改造和采取有关措施的成本费用。未经协商一致，擅自施工造成损害的，由建设单位承担相应的民事责任。

6.《公路安全保护条例》第十三条

在公路建筑控制区内，除公路保护需要外，禁止修建建筑物和地面构筑物；公路建筑控制区划定前已经合法修建的不得扩建，因公路建设或者保障公路运行安全等原因需要拆除的应当依法给予补偿。

📄 基本案情

原告：卡某某

被告：国网某市供电公司

2019年3月29日，尕藏扎某（原告卡某某之子）驾驶三轮车（车内乘坐桑吉东某、尕藏才某），由那吾镇加拉行政村吾麦自然村驶往合冶公路，行驶至吾麦—拉代乡村道路1公路100米（吾麦自然村路段）处时，三轮车失控侧翻，与道路西侧水泥电线杆（距离水泥路边缘29cm）相撞，致驾驶员尕藏扎某当场死亡，桑吉东某、尕藏才某轻微受伤，经合作市公安局交通警察大队《道路交通事故认定书》认定：驾驶员尕藏扎某负本次道路交通事故的全部责任。原告卡某某对合作市公安局交通警察大队作出的《道路交通事故认定书》不服，向甘南州公安局交通警察支队提出复核申请，甘南州公安局交通警察支队作出复核结论，维持该《交通事故责任认定书》。

原告认为，根据《公路安全保护条例》第11条第2款规定："公路建筑控制区的范围，从公路用地外缘起向外的距离标准为：乡道不少于5米"，同时，该条例第13条规定："在公路建筑控制区内，除公路保护需要外，禁止修建建筑物和地面构筑物"，涉案电线杆距水泥路边缘线仅29厘米，在公路建设控制区的范围5米之内。被告在埋设该电线杆时，未按法律规定在公路建设控制区范围外埋设存在严重过错，同时，也没有在涉案电线杆上设置足以让人警示的标志，对驾驶员尕藏扎某的死亡具有不可推卸的责任，故被告应对本次事故承担50%的责任。本案造成的实际损失共计754 625.952元，被告应赔偿原告侵权损失377 312.976元，并承担本案诉讼费用。

法院在审理过程中查明：2000年8月21日，甘南藏族自治州计划委员会州计农发〔2000〕227号文件作出关于合作市农村电网建设与改造方案的批复。2001年8月30日，甘南藏族自治州电力工业局州电力电管字〔2001〕第45号文件作出关于合作市2000年第一批10千伏及以下农网建设改造工程实施方案的批复。2001年9月12日，甘肃省电力局兰州供电局兰供农〔2001〕114号文件作出关于甘南州合作市电力局2000年第一批10千伏及以下农网工程项目实施计划的批复。涉案电杆的五麦-塔哇线路就在该实施方案审核表中。2016年10月31日，合作市发展和改革局合发改字〔2016〕585号文件作出合作市发展和改革局关于对合作市那吾乡巷道改造提升工程初步设计的批复。事发路段就在其中的央德公路-吾麦村下科村-拉代村。该巷道改造工程开工时间为2017年4月15日，竣工时间2017年9月15日。

一审法院认为：本次事故中死者尕藏扎某负交通事故的全部责任，对导致自身死亡的损害后果承担主要责任。被告对其管理和使用的电线杆设在距离路面29厘米的地点，严重影响了车辆的安全通行，违反了《公路安全保护条例》之规定，根据现场照片及交通警察的证言，电线杆加重交通事故的损害后果，损害参与度30%较为公平、合理。遂以〔2020〕甘3001民初894号《民事判决书》判决被告赔偿原告卡某某215 540.8元。被告不服，在法定期限内上诉至甘南州中级人民法院。甘南州中级人民法院以认定事实不清，证据不足为由，裁定撤销原判，发回重审。

重审后合作市法院认为：事故发生路段的公路开工时间为2017年4月15日，而涉案电杆是在2001年甘南州合作市电力局2000年第一批10千伏及以下农电工程项目实施时所埋设，被告的电杆在该乡村公路建筑控制区划定前已经合法修建，且未进行过扩建，尕藏扎某的死亡与被告无关。遂以〔2021〕甘3001民初480号《民事判决书》判决：驳回原告卡某某的诉讼请求。

原告卡某某不服，向甘南州中级人民法院提起上诉。

甘南州中院终审认为：一审判决认定事实清楚，适用法律正确，应予维持。遂以〔2021〕甘30民终334号《民事判决书》判决：驳回上诉，维持原判。

🔍 案例分析

本案不是高压触电人身案件，归责原则不适用特殊侵权的无过错责任，而是一般人身损害案件，归责原则只能适用过错责任原则。被告不存在任何过错，依法无需对死者尕藏扎某的死亡承担赔偿责任。法院最终判决是正确的。

合作市公安局交通警察大队作出《交通事故责任认定书》，认定驾驶员尕藏扎某负本次事故全部责任。在事故发生时，因车辆侧翻滑行致使驾驶员尕藏扎某的头部撞向110千伏合作变121合塔线075号电线杆，导致死亡。造成尕藏扎某死亡有多方面的因素，本案是一般人身损害侵权纠纷，争议焦点是"被告是否未按法律、行政法规规定在公路建设控制区范围外埋设电线杆而存在过错"。根据法院查明的事实，事故发生路段的公路开工时间为2017年4月15日，而涉案电线杆是在2001年甘南州合作市电力局2000年第一批10千伏及以下农网工程项目实施时所埋设。根据《甘肃省电网建设与保护条例》第二十三条"电网设施与公用工程、城市绿化和其他工程在新建、改建、扩建中相互妨碍时，按照依法建设和投入使用在先的原则协商解决；协商不成的，由规划在后者承担迁移、改造和采取有关措施的成本费用。未经协商一致，擅自施工造成损害的，由建设单位承担相应的民事责任"和《公路安全保护条例》第十三条"在公路建筑控制区内，除公路保护需要外，禁止修建建筑物和地面构筑物；公路建筑控制区划定前已经合法修建的不得扩建，因公路建设或者保障公路运行安全等原因需要拆除的应当依法给予补偿"规定可知，被告的电杆在该乡村公路建筑控制区划定前已经合法修建，且未进行过扩建。因此，原告所谓的公路建筑控制区乡道不少于5米的规定对本案并不适用。被告不存在任何过错，依法不承担责任。

☼ 工作建议

1.加强产权范围内设施的巡视维护管理。日常巡视要按时、到位、细致且有记录，发现问题要及时处理，做好电力设施包括项目前期审批等基础资料的管理，保证基础数据和资料全面、准确，并做好巡视整改证据的留存。

2.加强合规管理培训。提高公司员工依法合规意识，尤其在发生涉诉事件时，要及时汇报，不能自作主张对案件进行处理，避免给公司在后续诉讼中带来不利。

3.事故发生后应及时进行现场勘查和证据采集。事故一旦发生，公司应及时通知公安机关，联合进行事故调查并全面取证。包括：（1）电杆在该乡村公路建筑控制区划定前已经合法修建的相关资质证据；（2）因果关系证据，如事故现场照片、医院诊断证明、公安机关死亡证明以及鉴定机构鉴定文书等；（3）受害人过错证据，如会同当地公安机关进行现场勘查后，出具的现场勘查报告、知情人员的询问笔录、证人证言等。

段某、南某诉国网某县
供电公司健康权纠纷案

✐ 案件总体描述

　　侵害生命权、身体权、健康权纠纷中赔偿金由医疗费、误工费、护理费、交通费、康复费用、残疾辅助器具费、伙食补助费等组成。

✎ 关键词

　　人身损害/健康权/生命权/身体权/过错责任

⚖ 相关法条

　　1.《最高人民法院关于适用〈中华人民共和国民法典〉时间效力的若干规定》第一条第二款

　　民法典施行前的法律事实引起的民事纠纷案件，适用当时的法律、司法解释的规定，但是法律、司法解释另有规定的除外。

　　2.《中华人民共和国民法典》第一千一百七十二条

　　二人以上分别实施侵权行为造成同一损害，能够确定责任大小的，各自承担相应的责任；难以确定责任大小的，平均承担赔偿责任。

　　3.《中华人民共和国民法典》第一千二百四十条

　　从事高空、高压、地下挖掘活动或者使用高速轨道运输工具造成他人损害的，经营者应当承担侵权责任，但能够证明损害是因受害人故意或者不可抗力造成的，不承担责任。被侵权人对损害的发生有过失的，可以减轻经营者的责任。

4.《电力设施保护条例》第十条

架空电力线路保护区：导线边线向外侧水平延伸并垂直于地面所形成的两平行面内的区域，其中10千伏线路保护区为导线边线水平延伸5米。

5.《中华人民共和国电力法》第五十四条

任何单位和个人需要在依法划定的电力设施保护区内进行可能危及电力设施安全的作业时，应当经电力管理部门批准并采取安全措施后，方可进行作业。

基本案情

原告：段某

被告一：南某

被告二：国网某县供电公司

2018年10月，南某1与段某2达成口头协议，在南某1家位于某县宅基地上修建自住房屋，并以每平方米460元的价格、包工不包料的形式承包给段某2。该建筑修建位置上方有低压线和高压线横穿而过。2019年3月5日，该房屋动工修建，施工的十几名工人均系段某2叫来。2019年3月29日，该房屋一层主体基本完工，修建工人需在一层主体顶部进行二层主体结构浇筑前的绑钢筋作业。当日下午，段某1在绑钢筋作业过程中不小心触碰该建筑上方的10千伏高压线，造成段某1触电伤害事件。事故发生后，段某1于2019年3月29日在天水新天坛创伤骨科医院入院治疗4天，花费10 945.86元；于2019年4月1日在中国人民解放军空军医大学第一附属医院入院治疗8天，花费75 319.01元；于2019年4月10日在中国人民解放军空军医大学第一附属医院入院治疗7天，花费41 134.22元；于2019年4月24日在中国人民解放军空军医大学第一附属医院门诊花费1842.2元。三次住院及门诊治疗共花费129 241.29元，经甘肃省城乡居民医疗保险及中国平安养老保险报销75 772.41元，剩余医药费53 468.88元未报销。段某1的左手臂经手术截肢。2019年8月16日安装假肢花费30 000元。共计住院治疗19天。医院出院诊断，段某1因触碰高压线造成：全身多处高压电击伤、左手和左前臂部分干性坏死。段某1自己支出医疗费83 468.88元，交通费121元。2019年4月12日，某县供电公司对南某1发放了《安全隐患告知书》。段某1的伤情于2020年6月9日，经甘肃忠正司法医学鉴定所鉴定为：（1）被鉴定人段某1伤残等级评定为五级伤残。（2）被鉴定人段某1残疾辅助器具费用评定为：后续配置左上臂假肢需人民币30 000元；正常情况下使用，该假肢建议每使用3~5年适时更换一次；更换假肢接受腔需人民币4000元；该假肢2年应免费维护保养，2年后每年的维护保养费用需人民币1500元。（3）被鉴定人段某1护理期限评定为90日。另查明，段某1现有父亲段三娃（69岁）、母亲白苏娃（71岁）需要赡养及儿子（8岁）需要抚养，段某1父母共有三个子女。一审法院认为，最高人民法院关于适用《中华人民共和国民法典》时间效力的若干规定第一条规定，本案的法律事实发生在《中华人民共和国民法典》实施以前，故适用《中华人民共和国民法典》实施以前的法律。《中华人民共和国合同法》第二百五十一条规定，承揽合同是承揽人按照定作人的要求完成工作，交付工作成果，定作人给付报酬的合同。南某1与段某2达成的以包工不包料的形式为南某1修建农民自住房屋的协议属于承揽合同。即使南某1与段某2之间的协议按照建设工程合同对待，依据《中华人民共和国建筑法》第八十三条第三款"抢险救灾及其他临时性房屋建筑和农民自建低层住宅的建筑活动，不适用本法"及《建设工程安全生产管理条例》第六十九条"抢险救灾和农民自建低层住宅的安全生产管理，不适用本条例"的规定，南某1家房屋系农民自建低层住宅，不适用《中华人民共和国建筑法》及《建设工程安全生产管理条例》。依据《最高人民法院关于审理人身损害赔偿案件适用法律若干问题的解释》第十条之规定，承揽人在完成工作过程中对第三人造成损害或者造成自身损害的，定作人不承担赔偿责任。本案中南某1作为定做人不承担责任。段某2作为承揽人为完成承揽工作雇用段某1等人工作，段某2与段某1形成雇用关系，段某2应承担相应的责任。段某1作为成年人，在明知进行绑钢筋操作的施工工地上方有高压线的情况下，应当预测到存在一定危险，但其没有尽到安全注意义务而触电受伤，故段某1本人应承担该起事故部分责任。根据最高人民法院《关于审理触电人身损害赔偿案件若干问题的解释》第一条之规定，1千伏及以上电压等级为高压电，根据《中华人民共和国民法通则》第一百二十三条之规定"从事高空、高压、易燃、易爆、剧毒、放射性、高速运输工具等对周围环境有高度危险的作业造成他人损害的，应当承担民事责任；如果能证明受害人故意造成的，不承担民事责任"，据此，高压作业经营者对于高压作业造成的损害适用无过错归责原则，但能够证明损害是因受害人故意或者不可抗力造成的，不承担责任。本案发生触电事故的是10千伏高压线，即某县供电公司应当承担无过错责任，且某县供电公司也没有提交证据证明受害人触电是其故意或者属不可抗力。根据国家经贸委、公安部令第8号颁布的《电力设施保护条例实施细则》第九条，电力管理部门应在下列地点设置安全标志："（一）架空电力线路穿越的人口密集地段；（二）架空电力线路穿越的人员活动频繁的地区；（三）车辆、机械频繁穿越架空电力线路的地段；（四）电力线路上的变压器平台"，以及《中华人民共和国电力法》第十九条规定"电力企业应当加强安全生产管理"及第五十三条"对电力设施保护区设立标志"。经双方当事人陈述及相关证据可以认定事发前高压线附近的电线杆上并没有设置警示标志。虽然某县供电公司提供了线路巡视计划表、巡视记录表，并履行了巡视义务，且在事故发生后发放了安全隐患告知书，但对高压危险区域内的建筑活动疏于监督和制止，未能采取实际有效的措施来消除高压线的安全隐患，且一般人群并不知道高压线具体水平安全距离，故供电公司应承担相应的赔偿责任。根据本案案情，应当由段某1承担本起事故20%的责任；某县供电公司承担本起事故15%的责任；剩余65%的责任由雇主段某2承担，但段某1撤回对雇主段某2的起诉，故段某2不再承担相应的赔偿责任。依据最高人民法院《关于审理人身损害赔偿案件适用法律若干问题的解释》第十七条、第十九条、第二十条、第二十一条、第二十二条、第二十三条、第二十五条、第二十六条、第二十八条之规定，段某1因受伤发生的医疗费、误工费、护理费、交通费、住宿费、住院伙食补助费、必要的营养费，赔偿义务人应当予以赔偿。受害人因伤致残的，其因增加生活上需要所支出的必要费用以及因丧失劳动能力导致的收入损失，包括残疾赔偿金、残疾辅助器具费、被扶养人生活费，以及因康复护理、继续治疗实际发生的必要的康复费、护理费、后续治疗费，赔偿义务人也应当予以赔偿。段某1受伤后三次住院及门诊治疗共花费129 241.29元，经甘肃省城乡居民医疗保险及中国平安养老保险报销75 772.41元，剩余医药费53 468.88元未报销。2019年8月16日安装假肢花费30 000元，故段某1诉请医疗费83 468.88元予以支持。受害人因伤致残持续误工的，误工时间可以计算至定残日前一天，段某1的误工费用自2019年3月29日起至2020年6月9日定残日，共计437天。根据《2021年甘肃省道路交通事故人身损害赔偿有关费用计算标准》，甘肃省2020年度农、林、牧、渔业人均工资59 796元/年标准计算误工费为：59 796元/年÷365日/年×437日=71 591.4元。段某1伤残等级评定为五级伤残，甘肃省2020年度城镇居民人均可支配收入为33 821.8元/年，段某1的伤残赔偿金为33 821.8元/年×20年×0.6=405 861.6元。医疗机构或者鉴定机构无明确意见需要二人以上护理，护理人员原则上应为一人。段某1护理期限评定为90日，住院期间护理天数为19日，甘肃省2020年度农、林、牧、渔业人均工资59 796元/年标准计算护理费为：59 796元/年÷365日/年×（90＋19）日=17 856.88元。交通费应当以正式票据为凭，段某1仅提交121元的正式票据，故法庭支持段某1交通费121元。住院伙食补助费为：40元/日×19日=760元。段某1受伤后的营养期限未予鉴定，但治疗医院的出院证中注明"注意休息，保证营养"，故法庭酌情支持段某1营养费2000元的诉讼请求。鉴定费以正式发票计算为3100元。被扶养人生活费，受害人有三位被扶养人：父亲段某某（69岁）、母亲白某某（71岁）、儿子段某2（8岁）。2020年甘肃省农村居民人均年生活消费支出9922.9元/年，9922.9元/年×（20年×1/3＋10年×1/2）=119 074.8元。关于辅助器具费用，段某1治疗出院后已于2019年8月16日安装假肢，产生费用30 000元已计入上述医疗费中，后续产生的购买、维护及更换辅助器具费用待实际发生后另行主张。对段某1各项诉讼请求，核定如下：
（1）医疗费83 468.88元；（2）误工费71 591.4元；（3）护理费17 856.88
元；（4）交通费121元；（5）住院伙食补助费760元；（6）营养费2000元；
（7）伤残赔偿金405 861.6元；（8）鉴定费3100元；（9）被扶养人生活费
119 074.8元。上述九项合计703 834.56元。上述费用由段某1承担20%，即
140 766.9元；某县供电公司承担15%，即105 575.2元。

二审法院改判为南某自本判决生效之日起三十日内赔偿段某1医疗费、
误工费、护理费、交通费、住院伙食补助费、营养费、伤残赔偿金、鉴定
费、被扶养人生活费、精神损失费共计142 733.35元；国网某县供电公司
自本判决生效之日起三十日内赔偿段某1医疗费、误工费、护理费、交通
费、住院伙食补助费、营养费、伤残赔偿金、鉴定费、被扶养人生活费、
精神损失费共计142 733.35元。

🔍 案例分析

一、关于承担赔偿责任的主体及责任比例问题

《最高人民法院关于适用〈中华人民共和国民法典〉时间效力的若干
规定》第一条第二款规定："民法典施行前的法律事实引起的民事纠纷案
件，适用当时的法律、司法解释的规定，但是法律、司法解释另有规定的
除外。"本案发生在《中华人民共和国民法典》实施前，故适用当时的法
律、司法解释的规定。《中华人民共和国侵权责任法》第十二条规定："二
人以上分别实施侵权行为造成同一损害，能够确定责任大小的，各自承担
相应的责任；难以确定责任大小的，平均承担赔偿责任。"本案中，各方
当事人对于段某1在给南某1家修建房屋干活期间遭受高压电击伤的事实
均无异议，故本案系多个原因竞合、混合过错造成同一损害结果，但南某
1与段某2之间是承揽关系还是雇佣关系，影响赔偿责任主体的确定。因本
案系发回重审案件，南某1在原审时申请证人贾某1、南某2出庭作证，但
在重审时该两位证人均未出庭，应视为南某1未申请证人出庭作证，但一
审法院在判决中将该证人证言予以采信，明显不当，本院予以纠正。对于

一审中段某1提供的村委会证明及证人贾某2、卢某1的证言虽未在判决中提及，但不影响本案事实的认定。因南某1与段某2口头协商以每平方米460元的价格将案涉工程承包给段某2，段某1系段某2找来干活，工资由段某2发放，且在起诉状中段某1明确认可案涉工程系段某2承包，故一审认定南某1与段某2之间系承揽关系并无不当。南某1作为房屋建设工程的发包人，将其房屋建设工程承包给段某2，应当预见在高压线区域范围内施工作业存在高度的危险性，但其并未采取规避危险或其他安全防护措施，对事故的发生存在一定的过错，应当承担20%的民事赔偿责任。

原《中华人民共和国侵权责任法》第三十五条规定："个人之间形成劳务关系，提供劳务一方因劳务造成他人损害的，由接受劳务一方承担侵权责任。提供劳务一方因劳务自己受到损害的，根据双方各自的过错承担相应的责任。"本案中，段某1作为完全民事行为能力人，在劳务活动中应当尽到安全注意义务，但因其疏忽大意而触电受伤，其本人应对本起事故承担20%的责任。段某1系在从事劳务活动过程中受伤，段某2作为接受劳务一方，应当对段某1在劳务活动过程中受到的伤害承担相应的赔偿责任，其明知在高压线区域范围内进行建筑作业，存在一定的安全隐患，但未采取安全防范措施，以减少或避免损害事故的发生，存在重大过错，应承担主要赔偿责任，即40%的民事赔偿责任。因段某1撤回对段某2的起诉，故段某2应承担的赔偿责任由段某1自行承担。

《中华人民共和国民法典》第一千二百四十条规定："从事高空、高压、地下挖掘活动或者使用高速轨道运输工具造成他人损害的，经营者应当承担侵权责任，但能够证明损害是因受害人故意或者不可抗力造成的，不承担责任。被侵权人对损害的发生有过失的，可以减轻经营者的责任。"本案中，发生触电事故的是10千伏的高压线，某县供电公司对事故的发生应承担无过错责任，其在一、二审中亦未提交相应证据证明损害是因受害人故意或者不可抗力造成的，故不存在免责的事由，应当承担本起事故20%的赔偿责任。

二、关于赔偿标准及范围如何确定的问题

1.住院伙食补助费。《最高人民法院关于审理人身损害赔偿案件适用法律若干问题的解释》第十条第一款规定："住院伙食补助费可以参照当地国家机关一般工作人员的出差伙食补助标准予以确定。"本案中，甘肃省国家机关一般工作人员出差伙食补助标准为100元/日，段某1受伤后，分别在天水、西安等地治疗，住院伙食补助费应为：100元/日×19日=1900元，一审法院按40元/日计算不当，本院予以纠正。

2.交通费。段某1一审中仅提交了一张从兰州到西安的交通费票据121元，其上诉认为交通费的支出远远超过2000元，但未提交证据予以证明，故其该项上诉理由不能成立。

3.精神抚慰金。《最高人民法院关于审理人身损害赔偿案件适用法律若干问题的解释》第十八条规定："受害人或者死者近亲属遭受精神损害，赔偿权利人向人民法院请求赔偿精神损害抚慰金的，适用《最高人民法院关于确定民事侵权精神损害赔偿责任若干问题的解释》予以确定。"本案中，段某1构成五级伤残，使其心灵和肉体上承受了极大的痛苦，给其精神上造成一定伤害，故段某1诉请的精神损害抚慰金12 000元应予支持，一审法院对精神抚慰金未予支持不当，本院予以纠正。

4.残疾辅助器具费。本案中，对于段某1安装假肢的费用3万元已经进行了判处，后续产生的更换、保养、维护等方面的费用可待实际发生后另案主张。

段某1在重审中变更后的诉讼请求为支付被扶养人生活费115 767元，一审法院判决支付被扶养人生活费119 074.8元，超出了段某1的诉讼请求，本院予以纠正。因段某1未就其他费用的赔偿标准及范围提出上诉，故本院不予审查。段某1的各项损失应为：医疗费83 468.88元、误工费71 591.4元、护理费17 856.88元、交通费121元、住院伙食补助费1900元、营养费2000元、伤残赔偿金405 861.6元、鉴定费3100元、被扶养人生活费115 767元、精神损失费12 000元，合计713 666.76元。该费用由南某1承担20%，即142 733.35元；由某县供电公司承担20%，即142 733.35元。

☼ 工作建议

电力系统企业涉及的侵权责任经常为无过错责任或过错推定责任，因此在日常工作中应当注意做好安全防护及巡检工作，对于他人可能受到电击等伤害的的行为应当及时劝阻，劝阻无效的可向公安机关反映，请公安机关配合消除安全隐患。

国网某县供电公司与张某某
财产损害赔偿纠纷案

案件总体描述

《火灾事故认定书》属事故认定书，事故认定书可作为法院定案的依据。

关键词

侵权/过错推定责任/《火灾事故认定书》

相关法条

1.《中华人民共和国电力法》第十九条第二款

电力企业应当对电力设施定期进行检修和维护，保证其正常运行。

2.《供电营业规则》第四十六条

用户独资、合资或集资建设的输电、变电、配电等供电设施建成后，其运行维护管理按以下规定确定：1.属于公用性质或占用公用线路规划走廊的，由供电企业统一管理。

3.《中华人民共和国电力法》第六十条第一款

因电力运行事故给用户或者第三人造成损害的，电力企业应当依法承担赔偿责任。

📄 基本案情

原告：张某某

被告：国网某县供电公司

诉讼请求：（1）判决某县供电公司赔偿其油松苗木损失 2 177 088 元；（2）由某县供电公司承担本案鉴定费、诉讼费用。

张某某系华池县五蛟镇刘家湾村民。2013 年，张某某与李某某签订了《苗木定植租用土地合同》，租用李某某位于华池县的 15.08 亩耕地，用于种植油松。2019 年 7 月 5 日 13 时许，张某某栽植的油松苗木起火，报警后，县消防队到现场时整片油松林基本烧毁。华池县消防队进行了现场勘查和询问目击者、调查走访，于 2019 年 7 月 10 日作出了华公消火认字火灾事故认定书，认定起火时间为 2019 年 7 月 5 日 12 时 40 分许，起火部位为该地块西北面油松林前斜坡，起火原因：（1）排除自燃现象引发火灾的可能；（2）排除人为放火引发火灾的可能性；（3）不排除起火点斜坡上方两股电线短路打火造成火星掉落引燃地面干草，从而引发火灾的可能。事故发生后，张某某多次就赔偿问题找某县供电公司协商未果，遂提起诉讼。本案在审理中，某县供电公司对张某某自行委托甘肃宏宇曙光资产评估事务所作出的《张某某林木资产评估报告书》认为程序不合法，不认可。一审法院释明相关法律规定后，张某某提出申请，要求对其林木损失价值进行司法评估。一审法院通过×××中级人民法院委托甘肃汇通信诚价格认证中心对张某某主张的华池县被烧毁林木价值进行了评估。该价格认证中心于 2020 年 6 月 23 日作出《关于申请人张某某种植的 17 亩油松苗木因失火造成的损失的价格认定报告》（以下简称《价格认定报告》），价格认定的结论是，张某某种植的 17 亩油松苗木因失火造成的损失的总价格为 2 162 424 元，支付司法鉴定费 20 000 元。经对损害现场勘验，得出的结论为：（1）张某某所属林地北侧，沿东西走向有一道由某县供电公司管理的三相四线低压输电线路，电线为裸铝线，其中一条电线南侧有疑似熔烧缺损痕迹；（2）李某某代码 621023×××××××××××××J 号《农村土地承包经营权证》中承包地编号为 03286 号及 03287 号两块地定植的油松绝大部分过火烧毁，未被烧毁的油松仅为两块地北侧地畔1—2行，数量为400棵，最低株高1.7米，最高株高3米，两块地定植行、株距均为0.5米；（3）编号为03286号地块的油松长势较为均匀，对其中一处取样5行，每行10株进行了测量，其中株高1.5米2株、剩余株高均为2.1—2.4米；（4）编号03287号失火地内有长为20米、宽为9.6米的坟地一块，约0.28亩，未栽植油松树。该地块内定植的油松长势差距较大，根据长势对三处进行取样测量，取样均为5行，每行10株。取样一：株高1.8米、2.05米各占50%；取样二：株高2.9米占20%，株高2.75米占80%；取样三：2.2米、2.5米各占50%。一审法院认为：本案争议的焦点为：一是本起火灾的起火原因应当如何认定的问题；二是赔偿的比例如何确定的问题；三是张某某油松苗木因失火造成的损失如何确定的问题。关于焦点一：华池县公安消防大队作出的《火灾事故认定书》认定，起火点位于张某某定植油松地西北边地畔前斜坡，起火原因排除自燃现象引发火灾的可能，排除人为放火引发火灾的可能性，不排除起火点斜坡上方两股电线短路打火造成火星掉落引燃下面干草，从而引发火灾的可能。从现场勘验情况看，起火点斜上方的输电线路，电线为裸铝线，其中一条电线一侧（南侧）可见两处疑似熔烧缺损痕迹，与该电线相邻靠南侧的另一根电线因地形原因，无法直接观测其北侧表面情况。据气象资料显示，起火时间段，悦乐镇最大风力7级。起火点地处迎风面，风力必然大于7级。必然导致两线摆动幅度大增，两条电线相互碰撞的可能性大增，华池县公安消防大队第一时间到达现场，对起火点现场勘验后作出的《火灾事故认定书》记载，在起火点斜上方的电线上有黑色打火痕迹。据此，起火点斜坡上方两股电线短路打火，火星掉落引燃地面干草，从而引发火灾具有高度的可能性。在无其他证据能够排除上述原因引发火灾的情况下，有理由确信本次火灾就是因为电线打火引起。故根据××人民法院《关于民事诉讼证据的若干规定》第73条："双方当事人对同一事实分别举出相反的证据，但都没有足够的依据否定对方证据的，人民法院应当结合案件情况，判断一方提供证据的证明力是否明显大于另一方提供证据的证明力，并对证明力较大的证据予以确认"，××人民法院依据《关于适用〈中华人民共和国民事诉讼法的解释》第一百零八条:"对负有举证证明责任的当事人提供的证据,人民法院经审查并结合相关事实,确信待证事实的存在具有高度可能性的,应当认定该事实存在"等规定,推定本起火灾原因系起火点斜上方的输电线路在遭遇强风时,电线摆动幅度增大,相邻两根电线发生瞬间短路打火,火星掉落引燃地面干草,火势蔓延至张某某定植的油松地,致大面积油松树被烧毁。张某某的损失与某县供电公司所有的电线遇强风打火存在因果关系,根据《中华人民共和国侵权责任法》第二条"侵害民事权益,应当依照本法承担侵权责任"、第七条"行为人损害他人民事权益,不论行为人有无过错,法律规定应当承担侵权责任的,依照其规定",《最高人民法院关于适用若干问题的解释》第五条"依侵权责任法第六条第二款和第七条规定的,法律规定无法获得保护的被侵权人,得依侵权责任法第二条规定,请求行为人承担侵权责任"等规定,张某某要求某县供电公司赔偿的请求,予以支持。关于焦点二:因上述对火灾成因的认定,系基于引发火灾的高度盖然性而进行的事实推定,也存在很多不确定因素,双方分担责任更为合理,故根据引发火灾概率的大小,酌定由某县供电公司承担40%的赔偿责任,其余损失张某某自负;关于鉴定费20 000的承担问题,虽然未采信张某某提交的鉴定报告作出的鉴定结论,但该费用系某县供电公司不认可张某某提交其自行委托鉴定机构作出的鉴定结论的情况下,在释明相关规定后,张某某重新提出司法鉴定申请,通过法定程序委托司法鉴定时产生,不采信鉴定结论不能归责于张某某,且张某某的损失确实存在,故鉴定支出的费用某县供电公司仍然应当按比例分担;案件受理费也按照上述比例分担。关于焦点三:(1)过火面积的认定。张某某主张17亩,某县供电公司有异议,经审查,代码为621023××××××××××××J号《农村土地承包经营权证》,过火地块为该经营权证中03286号及03287号地块,面积分别为4.29亩、10.79亩,共计15.08亩,03287号地块中有面积为0.29亩坟地,未定植油松应当从总面积中减去,故确定过火面积为14.79亩。(2)对烧毁油松株数及株高的确定。两块地定植油松行、株距均为0.5米,以此计算,每亩定植2666株,共计39 430株（14.79亩×2666株/亩=39 430.0株），其中根据现场勘验取样估算可得，03286号地块中株高约为1.5米左右的占4%共457株（4.29亩×2666株/亩×4%=457株），株高约为2.1-2.4米的占96%共10 980株（4.29亩×2666株/亩×96%=10 980株）；03287号地块中株高约为1.8米的占16%共4478株（10.5亩×2666株/亩×16%=4478株），株高约2.05-2.5米的占50%共13 997株（10.5亩×2666株/亩×50%=13 997株），株高约2.75米的占27%共7558株（10.5亩×2664株/亩×27%=7558株）株高约2.9米的占7%共1960株（10.5亩×2664株/亩×7%=1960株）。未烧毁的400株油松，仅有一至二行散长于两块地的北边地畔，已失支继续租用土地的价值。若移植，又要重新占用耕地，花费人力等，成本过大。若出售，受季节、市场因素的影响很大，故按全部烧毁计算。（3）关于被烧毁油松价格的确定，《价格认定报告》在确定价格的过程过于草率，不予采纳。庭审中，在调解阶段，参照华池县人民政府办公室华政办发〔2019〕45号《华池县人民政府办公室关于印发的通知》（以下简称《通知》）的规定、现场勘验情况及调取的李某某《农村土地承包经营权证》确定的土地面积等为依据，组织双方对被烧毁的油松总价值进行了核算，双方达成一致意见，将总损失确定为1 150 000元，并同意在达不成调解协议的情况下，上述达成的价格作为判决的依据。最终双方因赔偿比例问题未达成调解协议。根据《通知》附件表7-4中关于定植油松树补偿标准"高1.1-1.5米，冠幅60厘米以上，每株9元；高1.6-2米，冠幅80厘米以上，每株13元；高2米以上，冠幅达到1米以上，每增高10厘米冠幅增加3厘米每株增加5元"等规定，按照前面确定的过火面积、株数、株高等核算，与双方确定的价格基本相符，故确定被烧毁的油松总价值为1 150 000元。综上，依照《中华人民共和国侵权责任法》第二条、第七条，《中华人民共和国民事诉讼法》第六十四条第一款，《最高人民法院关于适用若干问题的解释》第五条，《最高人民法院关于民事诉讼证据的若干规定》第二条规定，判决：一、某县供电公司于本判决生效后十日内赔偿张某某损失1 150 000元的40%，即460 000元，其余损失张某某自行承担；二、司法鉴定费20 000元，某县供电公司承担8000元，张某某承担12 000元；三、驳回张某某的其他诉讼请求。如未按本判决确定的期限履行给付金钱义务，应当按照《中华人民共和国民事诉讼法》第二百五十三条之规定，加倍支付迟延履行期间的债务利息。案件受理费28 805元，由某县供电公司负担11 522元，张某某负担17 283元。

🔍 案例分析

本案二审维持一审判决，在本案中争议焦点有两点：（1）起火原因；（2）损失确定。

关于第一点起火原因，华池县消防大队华公消火认字火灾事故认定书，认定本案事故的起火原因：（1）排除自燃现象引发火灾的可能；（2）排除人为放火引发火灾的可能；（3）不排除起火点斜坡上方两股电线短路打火火星掉落引燃下面干草，从而引发火灾的可能。按照该火灾事故认定书的意见，火点斜坡上方两股电线短路打火火星掉落引燃下面干草从而引发火灾系引发本案火灾的唯一可能，某县供电公司上诉称，本案火灾系自然灾害，但未提供相关证据加以证实，应承担举证不能的法律后果，一审认定上诉人与本案火灾存在因果关系妥当。

关于第二点损失确定，一审法院审理期间，张某某申请对其种植的17亩油松苗木因火灾造成的损失进行鉴定，经鉴定，因火灾造成的损失为2 162 424元，该鉴定意见作出后，某县供电公司认为该意见过高并要求重新计算，在法庭主持下，双方当事人一致同意将本案损失确定为1 150 000元，故一审认定本案损失为1 150 000元正确。根据华池县消防大队华公消火认字火灾事故认定书意见，一审酌情判处华池县供电公司承担40%赔偿责任亦妥当，予以确认。经法院委托所作的司法鉴定可以作为定案依据。

☼ 工作建议

加强对电力设施的巡检，避免因天气或地质原因导致电力设施受损进而造成侵权事件的发生。

国网某县供电公司、雷某与魏某财产损害赔偿纠纷案

✏️ 案件总体描述

在民事诉讼当中，原告无正当理由拒不到庭，法院将做撤诉处理，被告无正当理由拒不到庭，法院将缺席审判。

🔑 关键词

侵权/证人/毁灭证据/证据裁判原则

⚖️ 相关法条

1.《中华人民共和国民事诉讼法》第六十七条第一款

当事人对自己提出的主张，有责任提供证据。

2.《最高人民法院关于适用〈中华人民共和国民事诉讼法〉的解释》第九十条

当事人对自己提出的诉讼请求所依据的事实或者反驳对方诉讼请求所依据的事实，应当提供证据加以证明，但法律另有规定的除外。在作出判决前，当事人未能提供证据或者证据不足以证明其事实主张的，由负有举证证明责任的当事人承担不利的后果。

📄 基本案情

原告：魏某

被告：国网某县供电公司

诉讼请求：（1）依法判决某县供电公司支付魏某、雷某、张某因其异常高压、不合格供电致魏某、雷某、张某电器烧损的损失18 044元（魏某17 368元、雷某101元、张某480元，详见明细表）；（2）判决某县供电公司向魏某支付恶意拒赔造成的精神损失费1元；（3）某县供电公司向魏某支付因本案诉讼产生的误工费、资料费、车油费等共计999元；（4）本案诉讼费由某县供电公司承担。

2020年3月23日上午10时45分左右，魏某、雷某发现其家中和店内部分电器损坏，不能正常使用，经自行检测后认为系电压过高造成，便打电话向某县供电公司反映该情况。当天中午13时23分左右，某县供电公司职工李某某到现场，对入户线和电表进行检测，检测结果为电表电压正常无断线。之后，某县供电公司向保险公司报险，保险公司委派西和县亚兴电子新产品维修站维修人员到现场对魏某、雷某的损坏物品进行检测维修。魏某向维修人员报损检测的物品有：电脑显示器3台、笔记本电脑电源适配器2台、电磁炉2台、佳能摄像机充电器1个、暖风机1台、电脑主机电源1个、夏普电视机1台、三菱空调1台、尼康充电器1个、LED显示屏电源1个、苹果手机充电器1个、100安培漏电空开1个。以上物品中，已由某县供电公司维修的有1台暖风机和1台电磁炉。魏某自行维修了电热水器和三菱小空调，分别产生维修费1000元、1800元，共计2800元；自行更换了联想电脑显示屏、夏普电视主板和电源、尼康相机充电器电源、USB接口集线器、联想电脑电源、佳能充电器、LED显示屏电源2个，分别产生购买费用1280元、5960元、380元、30元、280元、380元、160元，以上合计8470元。雷某向维修人员报损检测的物品有：电脑电源线4个（电脑电源、收银机电源、附带电源、外接电源）、报警器电源线、空调1台、监控电源线4个、大功充电电源1个。以上物品中，空调1台已由某县供电公司维修人员进行了维修，电脑电源线4个、监控电源线4个、大功充电电源1个均已由某县供电公司进行了更换。一审法院认为，供用电合同是供电人向用电人供电，用电人支付电费的合同。供电人应当按照国家规定的供电质量标准和约定安全供电。供电人未按照国家规定的供电质量标准和约定安全供电，造成用电人损失的，应当承担损害赔偿责任。本案中，某县供电公司向魏某、雷某供电，魏某、雷某支付电费，双方之间系供用电合同关系，某县供电公司应当按照国家规定的供电质量标准和约定安全供电。本案中，魏某、雷某的电器损坏是否是由某县供电公司供电质量导致是本案的关键。2020年3月23日上午10时45分左右，魏某、雷某发现其电器损坏后，及时向某县供电公司反映该情况，同日13时23分左右，某县供电公司安排工作人员到达现场对魏某、雷某反映的故障线路和电表进行检测。之后某县供电公司向保险公司报险，保险公司也派人对魏某、雷某的部分电器予以维修或更换。某县供电公司的以上行为足以说明某县供电公司在第一时间到达现场后，认可魏某、雷某的电器受损是由于其供电质量不合格导致，随后按照其流程走保险理赔程序，据此可以认定魏某、雷某的损失与某县供电公司的供电存在因果关系，某县供电公司应当承担因此次事故造成的损害赔偿责任。某县供电公司对魏某、雷某的损失实地勘查后，起初某县供电公司积极进行维修和更换，但后来因魏某、雷某要求赔付的电器过多、金额过高，拒绝赔付剩余部分，一审法院认为魏某、雷某的电器在同一时间同一地点因同一电力故障受损，故受损电器在赔偿范围内均应同等得到赔付，某县供电公司对部分电器拒绝赔付的理由不能成立，某县供电公司应当对剩余未赔付部分继续承担赔偿责任。

某县供电公司在接到居民用户家用电器损坏投诉后，应尽快派员赴现场进行调查、核实，并对居民用户损坏的家用电器的详细情况进行登记和取证，第一时间对用户的损失情况进行登记、取证，不仅是对居民用户权利的维护，同时也可以有效防范居民用户之后扩大受损范围的可能，但本案中，某县供电公司第一时间派员到达现场进行调查核实后，并未形成调查结论以明确居民用户家用电器的损坏是不可抗力、第三人责任、受害者自身过错或产品质量事故等原因引起，也未及时对居民用户损坏的家用电器详细情况进行登记和取证，故由此可能产生的不利后果应由某县供电公司承担。综上所述，对魏某要求某县供电公司赔偿电器损失费用11 270元

（电热水器维修费1000元、三菱空调维修费1800元、购买联想电脑显示屏费用1280元、购买夏普电视主板和电源费用5960元、购买尼康充电器电源费用380元、购买联想电脑电源费用280元、购买佳能充电器费用380元、购买USB接口集线器费用30元、购买LED显示屏电源2个费用160元，共计11 270元）的诉讼请求，一审法院予以支持；对魏某主张的史某某电热水器购买费用1898元，由于该热水器已经产生了维修费用1000元，故对该购买费用，不再予以支持；魏某主张的1个USB接口集线器金额为85元，但提交的发票中USB接口集线器2个的价格为60元，故只对1个的费用30元予以支持；对魏某主张的2台电磁炉的费用981.72元、980元，由于未提交发票原件，故对该笔费用不予支持；魏某主张的尼康充电器电源金额为480元，但根据其提交的发票金额为380元，故对有票据证明的金额予以支持，对超出票据金额范围的，不予支持；对魏某要求赔偿MAG电脑显示屏980元、康柏HP电脑显示屏960元、AOC液晶显示屏680元、联想笔记本电脑电源580元、乔安8MM彩色防水摄像机85元的诉讼请求，由于其未提供相关证据，故不予支持；由于双方均认可魏某主张的暖风机已由某县供电公司修好，故对魏某要求某县供电公司赔偿奥某某暖风机费用98元的诉讼请求，不予支持。

本案中魏某并未举证证明其人格权受到了侵害，故对魏某要求某县供电公司赔偿精神损失费1元的诉讼请求，不予支持。对魏某要求某县供电公司支付因本案诉讼产生的误工费、资料费、车油费等共计999元的诉讼请求，由于其未举证证明该些费用的实际发生及各项的具体金额，故对该项诉讼请求不予支持。对雷某要求由某县供电公司承担报警器电源购买费用101元的诉讼请求，由于其未提供相应的票据或购买记录证明，故不予支持。对张某的起诉，将另行制作裁定书，按撤诉处理。综上，对魏某要求某县供电公司赔偿电器损失费用11 270元（电热水器维修费1000元、三菱空调维修费1800元、联想电脑显示屏1280元、夏普电视主板和电源5960元、尼康充电器电源380元、联想电脑电源280元、佳能充电器380元、USB接口集线器30元、LED显示屏电源2个160元）的诉讼请求，予以支持。对魏某的其他诉讼请求，不予支持。对雷某的诉讼请求，不予支持。判决：一、某县供电公司于本判决生效之日起十日内向魏某赔偿电器损失费用共计 11 270 元；二、驳回魏某的其他诉讼请求；三、驳回雷某的诉讼请求。

二审期间，魏某、雷某未提交新证据，某县供电公司提交了以下证据：（1）2021 年 4 月 6 日甘肃英大泰和财产股份有限公司甘肃分公司出具的证明打印件一份，拟证明保险公司到涉案现场清点损坏的物品并进行检测，魏某拒绝配合提供烧损物品，其行为导致涉案损坏物件无法确定。（2）夏普空运单据复印件三份，拟证明夏普空运单据是事发当天魏某提供给保险公司的，维修夏普电视的票据也是当天产生的，当天更换夏普电视的损坏原件是不可能的，故关于夏普电视的票据是假的，应不予认定。经组织质证，魏某认为其本人一直很配合，故不认可该证明，当时其与亚新维修站的人发生了争论，才导致本案的发生；关于三份空运单据，是因为当时有现成的配件，当天就进行了维修，当天修好了就出了票据。本院认为该证明的落款单位是甘肃英大泰和财产股份有限公司甘肃分公司，但加盖的印章却是英大泰和财产保险股份有限公司甘肃分公司理赔专用章，且为打印件，真实性无法核实，对方当事人亦不认可，故依法不予采信；关于三份空运单据系复印件且内容模糊，无法核实快递寄出的具体日期及是否与本案有关联，故亦不予采信。对一审查明的事实予以确认。

案例分析

《中华人民共和国民事诉讼法》第六十四条第一款规定："当事人对自己提出的主张，有责任提供证据。"《最高人民法院关于适用〈中华人民共和国民事诉讼法〉的解释》第九十条规定："当事人对自己提出的诉讼请求所依据的事实或者反驳对方诉讼请求所依据的事实，应当提供证据加以证明，但法律另有规定的除外。在作出判决前，当事人未能提供证据或者证据不足以证明其事实主张的，由负有举证证明责任的当事人承担不利的后果。"本案中，根据魏某、雷某向一审法院提交的现场检测照片、证人证言、购买及维修电器的相关票据，基本能够证明事发当时电压高及魏某、雷某财产受损的事实，魏某、雷某已经完成了举证责任。某县供电公司对此表示有异议并提起上诉，按照证据规则的规定，某县供电公司应当就其主张提供相应的证据予以证明，但其提交的证据不足以证明其主张，故应由其承担举证不能的法律后果。某县供电公司在接到魏某、雷某的报告后，安排人员进行现场检测，认为电表电压正常无断线，之后却又向保险公司报险，保险公司派人对魏某、雷某的部分电器予以维修或更换，一审认定某县供电公司的上述行为系其认可魏某、雷某的电器受损是由于其供电质量不合格导致，魏某、雷某的损失与某县供电公司的供电行为之间存在因果关系并无不当。

一审法院于2020年12月23日对于魏某庭后补充提交的证据组织质证，某县供电公司的委托代理人任某在笔录上签字、按印，故某县供电公司上诉认为程序违法的理由不能成立。魏某、雷某在一审中提交的《3.23高压供电事故政府小区三号楼等烧毁电器清单》系魏某等人出具，故其上无某县供电公司及第三方的签字、盖章，而票据上记载的内容，能够反映魏某维修、更换电器产生的相关费用，一审法院依据证据的客观真实性以及与本案的关联性，结合魏某的诉讼请求作出认定并无不当。

另外，原审原告张某经一审法院传票传唤，无正当理由未到庭参与诉讼，一审法院已于2020年11月27日作出〔2020〕甘1222民初733号民事裁定书，按张某撤诉处理，故不应再将张某列为案件当事人，一审法院仍将张某列为原审原告不当，二审法院予以纠正。

在民事诉讼当中，原告无正当理由拒不到庭，法院将做撤诉处理，被告无正当理由拒不到庭，法院将缺席审判。

⚙ 工作建议

在日常工作中对于所涉纠纷应当及时固定证据，举证的一般原则为"谁主张，谁举证"，若因证据未能及时固定导致诉讼中请求或抗辩不能成立，将会给企业造成损失。

第四篇

民商事合同纠纷案例

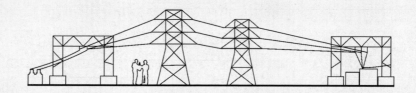

李某某诉国网某县供电公司
合同纠纷案

案件总体描述

不可抗力因其合同不能履行不属于违约行为，不应当承担违约责任。

关键词

承包合同/不可抗力

相关法条

1.《中华人民共和国民事诉讼法》第六十四条

当事人对自己提出的主张，有责任提供证据。当事人及其诉讼代理人因客观原因不能自行收集的证据，或者人民法院认为审理案件需要的证据，人民法院应当调查收集。人民法院应当按照法定程序，全面地、客观地审查核实证据。

2.《中华人民共和国民法典》第一百八十条

因不可抗力不能履行民事义务的，不承担民事责任。法律另有规定的，依照规定。不可抗力，是不能预见、不能避免且不能克服的客观情况。

基本案情

原告：李某某

被告：国网某县供电公司

诉讼请求：赔偿因发电站承包期尚未到期即拆除导致的资产损失共计168.242万元。

2010年3月25日，原告与原某县电力物资经销公司签订《金强河发电站承包协议》，协议签订后，原告按约定经营管理水电站，按时缴纳承包费，并投入发电、配电等设施。2017年金强河水电站因手续不全，在祁连山自然保护区天祝段生态环境问题整治整改工作中被拆除，后被告将原某县电力物资经销公司注销，并公告表示注销后若有债权债务未尽事宜均由自己承接。2020年7月，原告李某某将被告起诉至法院，要求赔偿其因发电站承包期尚未到期即拆除导致的资产损失共计168.242万元。

法院经审理后认为，原告李某某与原某县电力物资经销公司签订《金强河发电站承包协议》，在履行过程中，虽然因金强河水电站在规定期限内未办理相关审批或核准手续被拆除，但根据《甘肃祁连山国家级自然保护区水电站关停退出整治方案》，金强河水电站无审批或核准手续系历史原因，金强河水电站建于20世纪50-80年代，当时相关法律法规尚未出台，并且该方案明确，因金强河水电站装机容量小，水能资源利用率低，所处河流面多年平均来水量小，予以关停退出。据此可知，金强河水电站已无法办理相关审批或核准手续。因此，本案涉案合同在履行过程中，是客观情况发生了变化，系因政府政策调整，致使合同不能继续履行，属不可抗力，而不属于违约行为，判决驳回原告诉讼请求。

案例分析

1.不可抗力系法定的合同终止理由，不因合同中约定排除而无效。本案中，双方签订的承包协议中虽存在"因重大自然灾害或其他不可抗力造成承包人损失的，某县电力物资经销公司仍应承担赔偿责任"的条款，但因不可抗力在法律上属于法定全部或部分免除责任的理由，并未赋予当事人约定排除的权利，故本案中仍可引用不可抗力免责条款。

2.因不可抗力导致的合同无法履行，可根据不可抗力的影响，全部或部分免除责任。本案中，致使合同无法履行的原因是客观情况发生了变化，导致合同目的无法实现，且该变化是双方当事人在签订合同时均无法预见的，该种合同风险不属于普通的商业风险，而是因国家政策调整，致使合同不能继续履行，该影响是双方均无法排除的，故可免除责任。

☼ **工作建议**

加强对合同的审核管理，做好合同实施对口审查，严把合同审核关，尤其是语言文字要严谨、法律条例引用适合、法务人员对相关内容进行二次审核等方面更要注重。

国网某省电力公司诉浙商银行绍兴某支行票据利益返还请求权纠纷案

✎ 案件总体描述

经背书转让取得涉案电子银行承兑汇票，系该汇票最后的合法持票人，依法享有票据权利。

✐ 关键词

承兑汇票/合同/背书/票据权利

⚖ 相关法条

1.《中华人民共和国票据法》第十七条

票据权利在下列期限内不行使而消灭：（一）持票人对票据的出票人和承兑人的权利，自票据到期日起二年。见票即付的汇票、本票，自出票日起二年；（二）持票人对支票出票人的权利，自出票日起六个月；（三）持票人对前手的追索权，自被拒绝承兑或者被拒绝付款之日起六个月；（四）持票人对前手的再追索权，自清偿日或者被提起诉讼之日起三个月。

票据的出票日、到期日由票据当事人依法确定。

2.《中华人民共和国票据法》第十八条

持票人因超过票据权利时效或者因票据记载事项欠缺而丧失票据权利的，仍享有民事权利，可以请求出票人或者承兑人返还其与未支付的票据金额相当的利益。

基本案情

原告：国网某省电力公司

被告：浙商银行绍兴某支行

诉讼请求：返还与未支付的票据金额相当的利益，并由被告承担案件诉讼费用。

2021年7月，原告经多次连续背书后持有电子银行承兑汇票一张（票据号码为13163374000142018162621386 3227），该汇票票面信息记载：出票人为浙江万丰奥威汽轮股份有限公司，收款人为宁波奥威尔轮毂有限公司，承兑人为浙商银行绍兴某支行；出票日期为2018年6月26日，汇票到期日为2018年12月26日，出票金额为人民币110 000元；为可再转让汇票，承兑人承诺该汇票已经承兑，到期无条件付款。该票据到期后，无相关权利人向被告浙商银行绍兴某支行提示付款。现因上述汇票已逾票据权利失效日，原告无法向被告行使票据权利，故原告诉至法院要求被告返还与未支付的票据金额相当的利益，并由被告承担案件诉讼费用。

法院在审理过程中查明，国网某省电力公司兰州供电公司因与中国铝业股份有限公司连城分公司之间存在高压供用电合同关系，故而背书取得案涉汇票。2013年7月16日，某省电力公司名称变更为国网某省电力公司，即本案原告。国网某省电力公司兰州供电公司隶属于原告，其根据《甘肃省电力公司银行承兑汇票管理办法》的相关规定，将案涉汇票背书转让给原告，原告为最后一手持票人。

法院认为，原告经背书转让取得涉案电子银行承兑汇票，系该汇票最后的合法持票人，依法享有票据权利。但因原告取得该电子银行承兑汇票后，未在票据到期后二年内行使票据权利，致使票据权利因超过票据时效而丧失。《中华人民共和国票据法》第十八条规定："持票人因超过票据权利时效或者因票据记载事项欠缺而丧失票据权利的，仍享有民事权利，可以请求出票人或者承兑人返还其与未支付的票据金额相当的利益。"本案中，原告作为案涉汇票的最后持票人，其要求承兑人即被告返还与未支付的票据金额相当的利益110 000元的诉讼请求，有相应的事实和法律依据，本院予以支持。关于本案诉讼费用负担问题，因本案纠纷系由原告在票据权利时效期间内怠于行使票据权利所致，其责任不可归咎于被告，故本案诉讼费用应由原告自行负担。

综上，根据《中华人民共和国票据法》第十八条之规定判决：被告浙商银行绍兴某支行于本判决生效之日起十日内支付原告票据号码为131633740001420180626213863227的电子银行承兑汇票项下票据利益110 000元；驳回原告其他诉讼请求。

双方服判。

案例分析

1.票据有广义和狭义之分。广义上的票据包括各种有价证券和凭证，如股票、企业债券、发票、提单等；狭义上的票据，即我国《票据法》中规定的"票据"，包括汇票、银行本票和支票，是指由出票人签发的，约定自己或者委托付款人在见票时或指定的日期向收款人或持票人无条件支付一定金额的有价证券。票据权利是指票据持有人向票据债务人请求支付票据金额的权利，包括付款请求权和追索权。持票人对票据的出票人和承兑人的权利，自票据到期日起2年。见票即付的汇票、本票，自出票日起2年；持票人对支票出票人的权利，自出票日起6个月；持票人对前手的追索权，自被拒绝承兑或者被拒绝付款之日起6个月；持票人对前手的再追索权，自清偿日或者被提起诉讼之日起3个月。

2.票据权利的丧失并不意味着民事权利丧失，因此，实践中权利人通常会根据不同情况采取挂失止付、公示催告或普通诉讼的途径来补救。本案中，与票据上的权利有利害关系的人是明确的，直接按一般票据纠纷向法院提起普通诉讼是正确的，因原告在票据权利时效期间内怠于行使票据权利，所以由被告承担案件诉讼费用不妥。

工作建议

加强财务管理，在法律规定的时效期间内行使票据权利。

第五篇

财产损害赔偿纠纷案例

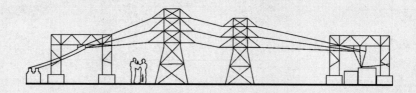

某建材有限公司诉国网某市供电公司、东方电力有限责任公司财产损害纠纷案

案件总体描述

过错侵权责任中，原告需证明侵权行为、损害结果及行为与结果之间的因果关系，不能举证的承担败诉风险。

关键词

合同/侵权行为/损害结果/因果关系

相关法条

1.《中华人民共和国民法典》第一千一百六十五条

行为人因过错侵害他人民事权益造成损害的，应当承担侵权责任。

依照法律规定推定行为人有过错，其不能证明自己没有过错的，应当承担侵权责任。

2.《中华人民共和国民法典》第一千一百六十八条

二人以上共同实施侵权行为，造成他人损害的，应当承担连带责任。

3.《中华人民共和国民事诉讼法》第六十七条第一款

当事人对自己提出的主张，有责任提供证据。

4.《最高人民法院关于民事诉讼证据的若干规定》第一条

原告向人民法院起诉或者被告提出反诉，应当提供符合起诉条件的相应的证据。

5.《最高人民法院关于民事诉讼证据的若干规定》第二条

人民法院应当向当事人说明举证的要求及法律后果，促使当事人在合理期限内积极、全面、正确、诚实地完成举证。

当事人因客观原因不能自行收集的证据，可申请人民法院调查收集。

📄 基本案情

原告：某建材有限公司（以下简称某建材公司）

被告：某电力有限责任公司（某电力公司）、国网某市供电公司（以下简称某市供电公司）

诉讼请求：请求法院判令被告某市供电公司与某电力公司赔偿因停电造成的停产损失共计4 238 464元，并承担诉讼费用。

2014年5月7日，原告与被告某市供电公司签订《高压供用电合同》，约定由某市供电公司35千伏东塬变电站，以10千伏电压，经出口112开关送出的东锦架空公用线路，向用电人原告受电点供电。供用电设施产权分界点为：35千伏东源变电站10千伏112东锦线路02号杆接点向负荷侧20厘米处。分界点电源侧产权属供电人，分界点负荷侧产权属用电人。合同有效期为五年，自2014年5月7日起至2019年5月6日止。合同签订后，被告某市供电公司将原为案外人崇信电厂供电且处于冷备用状态的35千伏3512东电线路改造为10千伏112东锦线路，向原告供应10千伏工业用电，但线路信息、铭牌标识均未作变更，原控制设施未彻底拆除。合同有效期满后，原告与被告某市供电公司继续按原合同履行至今。

2018年9月7日，被告某市供电公司与被告某电力公司签订《输变电工程施工合同》，约定由被告某电力公司对甘肃平凉崇信变35千伏线路改接锦屏变线路工程进行施工。2019年4月25日，被告某市供电公司以平凉供电调控〔2019〕164号文件调度3512东电线5月12日6时20分至13日21时连续停电。2019年5月8日，被告某电力公司签发2019-05-001号工作票，实施"新建G3-C4跨越35千伏3512东电线024号-025号"施工。2019年5月12日6时17分至6时30分，经被告某市供电公司调度，案外人崇信电厂"确认3512东电线电厂侧线路与电厂设备引流已解开"，东塬变电站"3512东电线冷备用转检修已执行完毕"，调度许可"跨越35千伏东电线24号-25号工作可以开工"。10时13分，被告某电力公司在施工中将10千伏112东锦线路24号-25号铁塔上的线缆下放到地面，形成带电高压线路接地，东塬变电站10千伏112东锦线路开关自动断开，造成原告公司用电中断，设备停止运行，当时共用同一电源另外三家企业，崇信县鑫宇商品混凝土有限责任公司、陕西姜炎建设工程有限责任公司、平凉华英公司一并断电停工，5月13日上午8时许，原告公司恢复正常供电。原告遂以被告某市供电公司和某电力公司未履行通知义务私自断电导致自己停产造成其损失为由，向法院提起民事诉讼。

本案经过一审，发回重审，一审重审程序后，原告未提起上诉。

一审法院在审理过程中查明，原告主张的损失包括混凝土搅拌站、二期工程、加气块车间、粉煤灰钢板仓四个方面，其中混凝土搅拌站属于崇信县鑫宇商品混凝土有限责任公司所有，二期工程由原告作为发包方外包给陕西姜炎建设工程有限责任公司，加气块车间由平凉华英公司承包经营。混凝土搅拌站、二期工程、加气块车间三方面损失共计1 568 464元损失，法院认为上述损失原告无权请求，故先行裁定驳回原告起诉，仅对原告起诉的，所有权属于其法人或者直接经营的粉煤灰钢板仓损失部分2 670 000元进行了实体审理。

经审理，一审法院认为原告提供的相关证据事实方面前后矛盾，疑点重重，设备损坏程度、损害结果与断电行为之间的因果关系等，现有证据无法确切认定，故以证据不足为由判决驳回原告诉讼请求。原告不服上诉，二审法院以一审事实认定不清为由，发回重审。

重审过程中，原告申请对其损失进行质量和费用鉴定，法院依相关程序委托上海科泰检测技术有限公司进行鉴定，但原告超过缴费期限未缴纳鉴定费用，经延长缴费时限后仍未缴费，被自动取消鉴定任务。故重审法院虽然认定被告某电力公司和某市供电公司应当对供电意外中断承担共同过错责任，但由于原告诉求证据不足，仍然判决驳回原告的诉讼请求。

案例分析

当事人对自己提出的主张，有责任提供证据，没有证据或者证据不足以证明当事人的事实主张的，由负有举证责任的当事人承担不利后果。本案中，被告某电力公司施工中新建G3-G4线跨越的实际是10千伏112东锦线路，应当对10千伏112东锦线路实施两端断电措施，由于被告某市供电公司将35千伏3512东电线改造为10千伏112东锦线后，未对改造后的线路进行信息更新以及铭牌标识更换和原控制设施彻底拆除，在线路检修时误将10千伏112东锦线作为35千伏3512东电线进行调度并采取冷备用转检修措施，致使10千伏112东锦线路实际未被采取两端断电措施，被告某电力公司在施工中未严格执行工作票中安全措施，未验明线路确无电压即带电施工，致使10千伏112东锦线路接地造成供电意外中断，被告某市供电公司和被告某电力公司应当承担共同过错责任，如若该侵权行为对原告造成损失且损失明确，二被告应当予以赔偿；被告某市供电公司将原由案外人崇信电厂使用的35千伏3512东电线路改造为10千伏112东锦线路后，已向原告供电五年之久，虽主张应当由原告申请进行线路信息和铭牌标识变更，但未提交应当由原告申请进行线路信息和铭牌标识变更的相关规定和说明，也未提交证据证明其向原告履行了线路信息和铭牌标识变更申请的告知，故原告无过错责任。但是，原告在停电后没有积极、及时采取证据保全措施，关键原始证据灭失或者变动，其提交的证据不能充分证明停电与原告哪些设备损坏之间存在因果关系，不能充分证明原告诉称的损坏设备维修的必要性、合理性及具体金额；同时，原告提出对损失情况进行鉴定的申请后不交纳鉴定费用，致使原告的损失情况无法通过司法鉴定进行明确，由此造成的不利后果应当由原告自行承担；其次，本案原告的损失极具专业性，在证据不足的情况下，法院无法结合间接证据运用逻辑推理和日常生活经验确定具体受损设备和受损金额。综上，原告的诉讼请求证据不足，法院不予支持，判决驳回原告的诉讼请求是正确的。

☼ 工作建议

1.严把用户报装验收关。认真落实国网公司新"两个十条"和省公司供电服务十五条红线制度，结合"守规矩、除积弊、真服务、促发展"报装接电排查整改活动，着力解决客户报装接电过程中漠视侵害群众利益、损坏公司形象等问题，持续营造良好的营商环境，扎实做好"阳光业扩"服务提升，坚决杜绝该类事件再次发生。

2.开展杆号牌排查整改活动。深刻吸取该事件经验教训，为确保公司系统内不再发生因杆号牌错误引发相关事故，由专业部门牵头开展公司所辖设备、用户设备（含代维用户设）杆号牌排查整改行动，落实设备主人制，限时办结，确保所有设备杆号牌正确无误。

3.开展用户备用电源排查整改。加强重要及关键用户配置备用电源管理，有效防止电源侧突然停电致使损失扩大，建议由营销部牵头规范供用电合同中关于备用电源配置约定，开展重要及关键用户备用电源配置排查，下发隐患通知书，告知用户潜在风险，并将排查及配置情况向当地工信局和安监部门行文报备，积极履行公司监管职责。

吴某生、吴某明诉国网某市供电公司
财产损害赔偿纠纷案

案件总体描述

损害结果无法确定时，应当委托专业的司法鉴定机构对损害结果的实际价值进行鉴定，作为法院裁判的依据。

关键词

举证/交易习惯/司法鉴定

相关法条

1.《中华人民共和国电力法》第二十七条

电力供应与使用双方应当根据平等自愿、协商一致的原则，按照国务院制定的电力供应与使用办法签订供用电合同，确定双方的权利和义务。

2.《供电营业规则》四十七条

供电设施的运行维护管理范围，按产权归属确定。责任分界点按下列各项确定：1.公用低压线路供电的，以供电接户线用户端最后支持物为分界点，支持物属供电企业。2.10千伏及以下公用高压线路供电的，以用户厂界外或配电室前的第一断路器或第一支持物为分界点，第一断器或第一支持物属供电企业。3.35千伏及以上公用高压线路供电的，以用户厂界外或用户变电站外第一基电杆为分界点，第一基电杆属供电企业。4.采用电缆供电的，本着便于维护管理的原则，分界点由供电企业与用户协商确定。5.产权属于用户且由用户运行维护的线路，以公用线路分支杆或者专用线路接引的公用变电站外第一基电杆为分界点，专用线路第一基电杆属用户。在电气上的具体分界点，由供用电双方协商确定。

3.《农村安全用电规程》第4.3.5条

电力使用者必须安装防触、漏电的剩余电流动作保护器，并做好运行和维护工作。

4.《农村安全用电规程》第15.5条

在电力线附近立井架、修理房屋和砍伐树木时，必须经当地电力企业或产权人同意，采取防范措施。

5.《农村低压安全用电规程》（DL 493—2015）4.1.2条

农村用户应安装剩余电流动作保护电器。未按规定要求安装使用的，供电企业有权依法中止供电。

6.《农村低压安全用电规程》（DL 493—2015）4.1.5条

用户应采取有效措施消除用电设施存在的安全隐患。对存在可能威胁人身、设备及公共安全的严重安全隐患拒不治理的，供电企业依法停止对该用户供电。

7.《中华人民共和国民事诉讼法》第六十七条第一款

当事人对自己提出的主张，有责任提供证据。

📄 基本案情

原告：吴某生、吴某明

被告：国网某市供电公司

诉讼请求：赔偿18头肉牛损失280 000元，并承担本案诉讼费用。

原告系父子关系。2017年6月1日，平凉市崆峒区大寨回族乡人民政府与原告签订《平凉市崆峒区2017年贫困户暖棚牛舍建设项目实施协议书》，约定由政府补助原告10 000元修建砖混结构单列式暖牛棚2间饲养肉牛，要求原告于10月15日前全面完成玉米秆青贮，10月底前全面完成补栏进牛。协议签订后，原告开始按照要求修建暖棚牛舍，家用电线自电表箱出线后，架设在其养殖肉牛的牛棚上空。2019年2月2日凌晨2时许，原告牛棚上空的电线断落，断头落在彩钢牛棚顶上，致原告养殖的18头肉牛死亡。原告遂向村委会反映，村委会又向乡政府报告，经乡政府督促，村委会和原告对18头死亡肉牛进行了无害化深埋处理，并经平凉市崆峒区大寨乡畜牧兽医站会同乡政府、村委会及平凉市崆峒区赵塬肉牛养殖农民专业合作社从业人员综合认定，死亡的18头肉牛总价值28万余元。2019年2月22日，原告将国网某市供电公司作为被告，向平凉市崆峒区法院起诉。

法院在审理过程中查明：原告对死亡肉牛无害化深埋处理时，没有对死亡肉牛进行具体称重，但经平凉市崆峒区大寨乡畜牧兽医站会同乡政府、村委会及平凉市崆峒区赵塬肉牛养殖农民专业合作社从业人员综合认定，死亡的18头肉牛为优良的西门塔尔肉牛品种，其中公牛9头，母牛9头，42月龄母牛4头，单头牛体重约600千克，30月龄母牛5头，单头牛体重约550千克，28月龄公牛7头，单头牛体重约650千克，22月龄公牛2头，单头牛体重约580千克，合计10 860千克。平凉市崆峒区大寨乡赵塬肉牛养殖农民合作社综合估算18头肉牛单头约为16 000元，总价值28万余元。诉讼过程中，原告申请对肉牛死亡的原因及价格进行鉴定，委托后，鉴定部门回复无法进行鉴定，并将此回复意见告知双方。原告对被告提供的《居民供用电合同》上签名进行鉴定，经委托甘肃政法大学司法鉴定中心鉴定，《居民供用电合同》中用电人栏的签名不是吴某明书写，为此支出鉴定费1000元、为鉴定往返交通费543.4元、住宿费60元。

此案可谓一波三折，历经一审、二审、终审，再审撤销原一、二审判决，发回原一审法院重新审理、一审重审、二审终审程序。原一、二审法院认为原告要求被告承担赔偿责任，因未提供确凿证据证明造成肉牛死亡的线路管理人及责任人，且不能证明死亡肉牛价值，系证据不足，其提供的证据仅能证明肉牛死亡的损害事实，不足以证明平凉供电公司对肉牛死亡的损害结果存在过错和侵权行为，故判决驳回原告赔偿肉牛损失280 000元的诉讼请求。原告向甘肃省高级人民法院申请再审，省高院认为原审中原告提交的证据能够互相印证，证明18头肉牛遭电击死亡的事实，被告虽然认为肉牛的死亡原因不明，但没有举证证明还有其他死亡原因。虽然被告提出原告为案涉线路的产权人和管理人，但是提交的证明原告为案涉线路产权人和管理人的《居民供用电合同》中用电人签字经鉴定并非原告所签。同时，原告家庭系建档立卡贫困户，在扶贫政策下养殖肉牛，死亡肉牛经相关部门监督已做无害化处理，原审以原告提供的肉牛价格系主观臆断且无法鉴定为由，对肉牛价值不予认定不妥，应当根据现有证据，结合市场价格、交易习惯、当地风俗等因素综合认定。故原一、二审判决认定的基本事实不清，裁定撤销甘肃省平凉中级人民法院〔2020〕甘08民终424号判决及甘肃省平凉市崆峒区人民法院〔2019〕甘0802民初1352号判决，发回甘肃省平凉市崆峒区人民法院重审。

平凉市崆峒区人民法院一审重审对原告肉牛死亡原因以及肉牛损失价值的认定上与省高院一致。在责任比例上认为被告向法院提交的案涉线路产权人和管理人的《居民供用电合同》中用电人的签字非原告所签，违反了合同相对性被告应负的义务。同时原告未遵守《农村安全用电规程》为牛棚安装防触电、漏电装置，也未将安全隐患及时告知被告，对其造成的损失亦应负相应的责任。故判决被告承担本案损害结果60%的责任，并承担原告对《居民供用电合同》中用电人签字进行鉴定的鉴定费、交通费以及住宿费，原告自担损害结果40%的责任。一审重审宣判后被告不服上诉，二审法院判决驳回上诉、维持原判。

🔍 案例分析

本案虽是一起触电损害赔偿纠纷，但是在低压居民用电线路上发生的财产损害赔偿案件，应适用过错责任原则而非无过错责任原则。举证责任遵循谁主张，谁举证的分配原则。本案的损害结果是客观存在的，争议焦点其实就是损害结果的价值如何确定、损害结果与行为人行为之间有无因果关系、行为人有无过错、责任比例如何划分。

1.损害结果的价值如何确定

通常确定损害结果价值需经过专业的司法鉴定，但本案已无鉴定条件

（原告曾提出鉴定申请，委托后鉴定部门回复无法进行鉴定）。法官不得拒绝裁判。一审法院在查明原告对死亡肉牛处理符合相关规定（原告在事发后，遂向村委会反映，村委会又向乡政府报告，经乡政府督促，村委会和原告对18头死亡肉牛进行了无害化深埋处理）的基础上，根据现有证据，结合市场价格、交易习惯、当地风俗等因素，按照行业习惯，经平凉市崆峒区大寨乡畜牧兽医站会同乡政府、村委会及平凉市崆峒区赵塬肉牛养殖农民专业合作社从业人员综合认定，确定肉牛的价值符合本案特殊实际，并无不当。

2.关于肉牛的死亡与被告行为之间有无因果关系

因事发时间和地点为北方，冬季2月，排除了18头肉牛遭雷击等自然因素致死的可能，根据原告提交的平凉市崆峒区大寨回族乡赵塬村村民委员会《关于我村贫困户吴某生18头肉牛触电死亡的情况说明》、平凉市崆峒区大寨乡畜牧兽医站证明、平凉市崆峒区大寨回族乡人民政府证明、大寨回族乡党政办电话记录本、照片及马某某等8人所作的证言，在被告没有其他证据证明还有其他死亡原因的情况下，认定原告18头肉牛的死亡原因系遭电击致死是合法的，这就是民事证据盖然性认定规则。

3.被告有无过错，责任比例如何划分

在电气上的具体分界点，由供用电双方协商确定。本案经原审鉴定，被告提供的供电合同非原告本人签字，证明双方未通过协商确定线路责任分界点，这一行为，导致原告不清楚自己的责任范围，被告不仅违反《供电营业规则》四十七条规定，事实上提供的相关电路设备发生断落没能保障原告牛棚用电安全，在原告牛棚漏电致牛死亡这一事件中存在过错，一审法院确定由其向原告承担赔偿责任并无不当；本案原告牛棚建设虽然经乡政府及相关主管单位验收，但对牛棚建成后因牛棚顶部系彩钢结构、牛棚内拴牛的支撑物系金属钢管属导电体，对此存在的安全隐患，原告既未安装防触电、漏电装置，又未向被告或其下属供电所及时反映，故对其所造成的损失亦应负相应的责任；双方《居民供用电合同》经鉴定用电人不是原告所签，原告因此而支出的鉴定费、交通费及住宿费，应由被告向已经垫支的原告支付。

综上，法院判决被告承担本案损害结果60%的责任，并承担原告对《居民供用电合同》中用电人签字进行鉴定的鉴定费、交通费以及住宿费，原告自担损害结果40%的责任是符合法律规定的。

☼ 工作建议

1.严禁代签供用电合同。书面合同是双方意思表示真实而协商约定的结果，最终由双方签字确认才具备法律约束力。供用电合同是格式合同，合同主体本人签字更为重要。本案《居民供用电合同》中用电人的签字经司法鉴定非吴某明本人所签，供电企业未尽到谨慎审查的责任。

2.加强巡视维护管理。日常巡检要按时、到位、细致且有记录，不能流于形式，对于发现的问题和隐患，要及时向用户制作并送达《危险整改通知书》，督促用户整改，对于拒不整改的客户，可以依法停止供电，以证明供电企业已经尽到足够的安全监督义务。针对常见频发风险点、触电事故易发区域、易发时段等增强巡检力度，建立重点客户隐患排查治理台账，对存在用电安全隐患的客户重点关注。

3.促进业法融合力度。利用各种有效的培训手段，提高基层一线员工对日常工作中用电安全隐患可能存在的法律风险进行分析和辨识的能力，熟知触电人身损害案件处置中面临的主要问题，增强员工法律意识、安全意识、证据意识，依法合规办事、管理意识，提升事前防范意识。开展电力法律进乡村、进社区、进学校等活动，借助春检等专项工作的开展，向用户和群众普及安全用电常识和与生活息息相关的电力法律法规常识，力争从源头上防治触电人身伤亡案件。

4.积极推动电力联合执法。协同政府部门、公安机关开展三线搭挂整治、线下违章建筑清理、查处私自拉线、违法用电等专项活动。一旦发现违反法律法规等妨碍供用电安全的行为，除向其进行政策解读、思想疏导、责令限期整改外，对拒不整改的用户可以依法采取停止供电、消除危险、排除妨碍等措施消除触电损害隐患。

5.事故发生后及时进行事故调查和收集证据材料。一旦发生触电事故，应及时通知政府的安全生产监督部门和公安机关，联合进行事故调查和收集证据材料。包括但不限于：（1）线路产权证据材料，如《供用电合同》、线路投资施工合同、资产移交清单等；（2）是否触电的因果关系证据材料，如医院诊断证明、公安机关死亡证明以及鉴定机构鉴定文书等；（3）受害人过错证据材料，如会同当地政府安监部门进行现场勘查后，出具的现场勘查报告、派出所对知情人员的讯问笔录、证人证言等；（4）涉案线路的高度及水平距离证据材料，如专门机构的测量报告、鉴定机构的鉴定报告等；（5）涉案线路现场安全警示证据材料，如公证机构对现场安全警示照片的公证书、证人证言；公安机关现场勘验笔录等；（6）涉案线路的维护巡查证据材料，如企业巡线记录、第三方确认的维护记录；（7）涉案隐患整改证据材料，如受害人及其家属签字的《安全隐患整改通知（告知）书》《安全告知书》《危险整改通知书》、录影录像等；（8）企业消除隐患的证据材料，如向相关部门报备、要求排除妨害的文书等。

王某某诉国网某县供电公司
财产损害赔偿纠纷案

✐ 案件总体描述

产权所有者不承担受害者因违反安全或其他规章制度，擅自进入供电设施非安全区域内而发生事故引起的法律责任，以及在委托维护的供电设施上，因代理方维护不当所发生事故引起的法律责任。

🔑 关键词

侵权

⚖ 相关法条

1.《中华人民共和国民事诉讼法》第一百五十四条

裁定适用于下列范围：（一）不予受理；（二）对管辖权有异议的；（三）驳回起诉；（四）保全和先予执行；（五）准许或者不准许撤诉；（六）中止或者终结诉讼；（七）补正判决书中的笔误；（八）中止或者终结执行；（九）撤销或者不予执行仲裁裁决；（十）不予执行公证机关赋予强制执行效力的债权文书；（十一）其他需要裁定解决的事项。

对前款第一项至第三项裁定，可以上诉。裁定书应当写明裁定结果和作出该裁定的理由。裁定书由审判人员、书记员署名，加盖人民法院印章。口头裁定的，记入笔录。

2.《供用电营业规则》第五十一条

在供电设施上发生事故引起的法律责任，按供电设施产权归属确定。产权归属于谁，谁就承担其拥有的供电设施上发生事故引起的法律责任。但产权所有者不承担受害者因违反安全或其他规章制度，擅自进入供电设施非安全区域内而发生事故引起的法律责任，以及在委托维护的供电设施上，因代理方维护不当所发生事故引起的法律责任。

📄 基本案情

原告：王某某

被告：国网某县供电公司

诉讼请求：请求法院判令被告赔偿原告苗木损失83250元，并承担案件诉讼费用。

2019年2月16日14时41分，原告王某某家油松地南端地头电表箱起火，引起种植油松着火。宁县消防救援大队、新庄镇政府干部、兴户村村干部参与救火。2020年6月3日，宁县消防救援大队出具证明记载："宁县新庄镇兴户村王某某家栽植的油松苗木因油松苗木南端地头电表箱起火引起油松苗木发生火灾。"同年6月22日，宁县发展和改革局作出宁发改〔2020〕213号文件，对王某某受损油松价格认定为83 250元。同年7月4日，宁县新庄镇人民政府作出《关于兴户村王某某油松遭受火灾问题的处理意见》：某县供电公司赔偿王某某66 600元，新庄镇兴户村村委会赔偿王某某16 650元。某县供电公司不同意新庄镇政府处理意见，拒绝赔偿，王某某遂向法院提起诉讼。

法院在审理过程中查明：2011年9月6日，某县供电公司与宁县新庄镇兴户村二组签订宁县新庄镇兴户村二组管灌工程《高压供用电合同》，根据合同约定，王某某油松地南端地头的电表箱产权属宁县新庄镇兴户村二组所有。

法院认为，某县供电公司与宁县新庄镇兴户村二组签订的《宁县新庄镇兴户村二组管灌工程（高压供用电合同）》合法有效，该合同明确约定王某某油松地南端地头的电表箱产权属宁县新庄镇兴户村二组所有。《供电营业规则》第五十一条规定："在供电设施上发生事故引起的法律责任，按供电设施产权归属确定。产权归属于谁，谁就承担其拥有的供电设施上发生事故引起的法律责任。但产权所有者不承担受害者因违反安全或其他规章制度，擅自进入供电设施非安全区域内而发生事故引起的法律责任，以及在委托维护的供电设施上，因代理方维护不当所发生事故引起的法律责任"，某县供电公司不是着火电表箱的所有权人，不承担电表箱起火引起的油松损失责任。王某某起诉要求国网某县供电公司承担赔偿责任主体不当。故依据《中华人民共和国民事诉讼法》第一百五十四条规定裁定：驳回王某某起诉。

🔍 案例分析

本案的结果是裁定驳回王某某起诉，并不是判决驳回王某某诉讼请求，这是司法人性化的具体表现。在适用的对象上，法院裁定与判决的区别在于：判决解决案件的实体问题，裁定主要解决程序问题，只解决部分实体问题。在适用范围上，判决只限于审判终结，包括一审、二审和依审判监督程序再审终结时，可适用判决，而裁定则适用于整个审判或执行程序的全过程。本案中，王某某受到损失是法律事实，只不过告错了对象，国网某县供电公司不是适格被告，依法不承担实体赔偿责任，法院从程序上驳回王某某起诉是妥当的。就此损失，王某某可以宁县新庄镇兴户村二组为被告重新起诉，以维护自己的实体权益，并不违反"一事不再理"原则。

⚙ 工作建议

本案中有一点难能可贵，国网某县供电公司对宁县新庄镇人民政府作出的《关于兴户村王某某油松遭受火灾问题的处理意见》中"某县供电公司赔偿王某某66 600元，新庄镇兴户村村委会赔偿王某某16 650元"的决定没有盲从，不仅彰显了国网某县供电公司依法治企的工作魄力，而且依法杜绝了当地政府"和稀泥"的做法，真正为优化电力营商环境作出了表率。本案国网某县供电公司之所以胜诉关键在于两点，一是与用户签订了合法有效的《高压供用电合同》，二是在《高压供用电合同》中明确约定了产权分界点，得到了法律法规的充分保护。

王某某、苗某某诉国网某县供电公司、甘肃某建筑工程有限公司、刘某鹤财产损害赔偿纠纷案

📝 案件总体描述

涉及电力损害赔偿案件中，电力设施的产权归属以及维护管理责任的约定，是确定赔偿责任人以及划分赔偿比例的关键性因素。

🔑 关键词

劳务关系/专业资质/损害赔偿

⚖ 相关法条

1.《电力供应与使用条例》第二十六条

用户应当安装用电计量装置。用电计量装置，应当安装在供电设施与受电设施的产权分界处。

2.《供电营业规则》第五十一条

在供电设施上发生事故引起的法律责任，按供电设施产权归属确定。

第七十四条　用电计量装置原则上应安装在供电设施的产权分界处。

📄 基本案情

原告：王某某、苗某某

被告：国网某县供电公司（以下简称某县供电公司）、甘肃某建筑工程有限公司（以下简称某建筑公司）、刘某鹤

诉讼请求：（1）判令被告赔偿原告各项损失194 295元；（2）由被告支付原告垃圾清运费2000元、复印费192元；（3）本案诉讼费由被告承担。

原告系夫妻。2020年5月初，被告刘某鹤受原告雇佣从事劳务活动。当月21日上午，原告让刘某鹤联系羊井子湾乡供电所，并申报原告家中无电需要维修。该所派其工作人员前往原告家查看，经检查，断电原因系原告家附近的地埋线断裂，并需重新更换空气开关。供电站工作人员未进行维修也未对相关注意事项进行告知，便离开原告家，后刘某鹤将电路接好。当日20时许，原告家中发生火灾，后由金塔县消防救援大队灭火并作出金消火重认字〔2020〕第0001号《火灾事故重新认定书》，认定起火部位：金塔县金塔镇五星村1组王占俊家中仓库西北角；起火原因：在电气线路维修过程中，电气线路短路引燃周围可燃物蔓延致灾。火灾致原告家中仓库内棺材、冰箱、洗衣机、化肥、粮食、纸箱、塑料箱等物品毁损并致仓库墙体开裂。原告认为引起电气线路短路的原因系第一被告工作人员不当履行工作职责，指示非专业人员刘某鹤更换空气开关所致。原告遂提起诉讼。

审理过程中，原告申请对其火灾损失进行评估作价，法院委托价格评估公司，对原告仓库及仓库内58项物品的市场价格进行了评估，总价值为99 649元。另查明，2020年5月16日，被告通源建筑公司在金塔县五星村一组施工，在原告王占俊家后大约40米处施工时将电路挖断。

一审判决认为：被告某县供电公司在接到原告报修电话后虽到达现场，却未能恢复供电，作为供电服务企业，对其供电服务范围内的电力设施担负运行维护的职责，而供电公司工作人员仅检查完毕，未能维修，且放任让没有专业资质的刘某鹤更换空气开关，也未进行注意事项的告知，应承担相应的责任。故判决原告自行承担40%的责任即40 336.4元；被告某建筑公司承担40%的赔偿责任即40 336.4元；被告某县供电公司承担20%的赔偿责任即20 168.2元。一审宣判后某县供电公司依法上诉。

二审法院查明：原告家电表架设在院外约100米处的电杆上，电表和空气开关是一个整体的箱子，电表线接出后连接空气开关。被告某建筑公司施工地点经过架设电表的电杆与原告家之间的地段。被告某县供电公司主张案外人王玉国之前与原告是一户，故以王玉国的名义签订合同，原告予以认可。该合同第3条约定："供电人在运行维护管理分界点处安装用电计量装置，向用电人收取电费。"二审查明的其他事实与一审认定的事实一致。

二审法院认为，原告主张刘某鹤受被告某县供电公司工作人员指示接通线路、更换空气开关，依据仅为刘某鹤在消防部门的讯问笔录。因发生故障的空气开关及线路属于产权人原告维修管理的范围，被告某县供电公司没有法定或约定的维修义务，且刘某鹤与本案处理结果有利害关系，故原告仅根据刘某鹤的询问笔录要求某县供电公司承担相应责任没有法律依据。

判决：原告自行承担60%的责任；被告某建筑公司承担40%的赔偿责任即40 336.4元；被告国网某县供电公司不承担赔偿责任。

案例分析

涉及电力损害赔偿案件中，电力设施的产权归属以及维护管理责任的约定，是确定赔偿责任人以及划分赔偿比例的关键性因素。《电力供应与使用条例》第二十六条规定，用户应当安装用电计量装置。用电计量装置，应当安装在供电设施与受电设施的产权分界处。《供电营业规则》第五十一条规定，在供电设施上发生事故引起的法律责任，按供电设施产权归属确定。第七十四条规定，用电计量装置原则上应安装在供电设施的产权分界处。本案中，被告某县供电公司与原告的《居民照明供用电合同》对产权分界点以及维护管理责任均明确做了约定，发生故障的空气开关及线路均在电表接出线之后，根据上述法律规定及合同约定，应由产权人原告负维护管理责任。原告主张刘某鹤受某县供电公司工作人员指示接通线路、更换空气开关，依据仅为刘某鹤在消防部门的讯问笔录。因发生故障的空气开关及线路属于产权人原告维修管理的范围，某县供电公司没有法定或约定的维修义务，且刘某鹤与本案处理结果有利害关系，故原告要求某县供电公司承担赔偿责任没有事实和法律依据。

☼ **工作建议**

1.对于非供电企业所有的电力设施，能够由相关所有权人进行管理的，由相关所有权人管理维护；供电企业在未与用户签订委托管理协议的情况下，不要对用户设备进行管理或者承诺进行管理；对于非供电企业所有的电力设施，又必须由供电企业进行维护管理的，应与电力设施产权人签订书面代维协议，就相关权利义务及责任承担等进行明确约定，切实履行相关协议或合同，保管好维护管理记录等相关证据。

2.对配农网工程应严格按照要求规范施工，强化施工工艺管理，加强工程验收检查，降低因施工不规范引发火灾的可能性。

3.对自有产权线路及设备，供电企业应加强施工过程中的监督与管理，及时消除发现的隐患；对非自有产权的线路及设备，应结合日常入户走访中发现的线路老化、安全防护不到位等可能引发事故的风险点，及时告知用户整改，必要时联合地方安监部门、消防部门下发隐患整改告知书，向相关行政部门以及用户行文发函时切记留存签收证据。

4.供电企业的行为与火灾的发生不存在因果关系的，要及时进行抗辩，拒绝对方相应的赔偿请求；存在因果关系的，要及时进行原因力抗辩，减少供电公司的责任，如火灾发生后，对于受害人没有及时采取必要措施致使扩大的损失部分，要提出抗辩，拒绝扩大损失部分的赔偿请求。

5.火灾事故发生后，要按照火灾责任保险的赔偿条件及时准备相关的证据和材料，联系保险公司进行理赔。

6.加强用户安全用电宣传，利用广播、微信、视频等新媒体方式开展常态化安全用电宣传，特别是针对农村、出租屋等高风险区域，强化电力线路及设备产权人的安全意识及责任意识，指导电力用户做好火灾预防、预控，严防电气火灾发生。

7.涉及电力损害赔偿案件中，电力设施的产权归属以及维护管理责任的约定，是确定赔偿责任人以及划分赔偿责任比例的关键性因素，因此供电企业与用电人之间的《供用电合同》是案件中最关键的证据。建议供电公司加强和完善供用电合同的签订、履行以及合同档案管理工作。

8.本案中，供电公司工作人员到现场检查故障后，向用户告知线路故障发生在用户产权范围内，应由用户自行维修，并告知了线路故障的原因。但是在诉讼中，用户对于工作人员的告知行为予以否认。这也是本案一审法院判令供电公司承担责任的原因之一。建议供电企业规范工作人员的工作流程，制定标准化的书面告知内容让用户签字确认并交公司留存，健全和完善报修记录、派工记录、检查记录、告知事项记录，以及相关资料的归档工作，降低诉讼风险。

第六篇

劳动争议案例

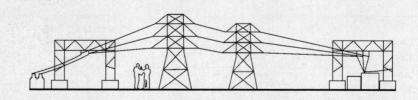

陈某某诉国网某县供电公司
劳动合同纠纷案

案件总体描述

关于职工退休所引发的纠纷应提起行政诉讼，而非民事诉讼。

关键词

劳动关系/劳动合同/退休

相关法条

1.《中华人民共和国民事诉讼法》第一百二十四条

人民法院对下列起诉，分别情形，予以处理：

（一）依照行政诉讼法的规定，属于行政诉讼受案范围的，告知原告提起行政诉讼；（二）依照法律规定，双方当事人达成书面仲裁协议申请仲裁，不得向人民法院起诉的，告知原告向仲裁机构申请仲裁；（三）依照法律规定，应当由其他机关处理的争议，告知原告向有关机关申请解决；（四）对不属于本院管辖的案件，告知原告向有管辖权的人民法院起诉；（五）对判决、裁定、调解书已经发生法律效力的案件，当事人又起诉的，告知原告申请再审，但人民法院准许撤诉的裁定除外；（六）依照法律规定，在一定期限内不得起诉的案件，在不得起诉的期限内起诉的，不予受理；（七）判决不准离婚和调解和好的离婚案件，判决、调解维持收养关系的案件，没有新情况、新理由，原告在六个月内又起诉的，不予受理。

2.《中华人民共和国民事诉讼法》第一百五十四条

裁定适用于下列范围：（一）不予受理；（二）对管辖权有异议的；（三）驳回起诉；（四）保全和先予执行；（五）准许或者不准许撤诉；（六）中止或者终结诉讼；（七）补正判决书中的笔误；（八）中止或者终结执行；（九）撤销或者不予执行仲裁裁决；（十）不予执行公证机关赋予强制执行效力的债权文书；（十一）其他需要裁定解决的事项。

对前款第一项至第三项裁定，可以上诉。裁定书应当写明裁定结果和作出该裁定的理由。裁定书由审判人员、书记员署名，加盖人民法院印章。口头裁定的，记入笔录。

3.《最高人民法院关于适用<中华人民共和国民事诉讼法>的解释》第二百零八条第三款

立案后发现不符合起诉条件或者属于民事诉讼法第一百二十四条规定情形的，裁定驳回起诉。

📄 基本案情

原告：陈某某

被告：国网某县供电公司

诉讼请求：（1）恢复其在职职工身份，并重新安排与原岗位相当的工作；（2）支付因违规退休造成的经济损失200 818.42元（截止2017年5月底，28个月工资及奖金）；（3）补交其重新上岗前的住房公积金、养老保险金等社会保险费用。

陈某某原为国网某县供电公司员工，于1989年11月以集体工人身份参加工作并于1992年3月9日正式转正。2001年至2015年退休前，曾先后被聘任为某县供电公司调度室班长、生产技术部副主任、电力调度控制分中心副主任和主任。2015年1月26日，陈某某本人向某县供电公司提出退休申请，同日，某县供电公司以陈某某年满50周岁，符合国家规定的退休年龄为由，向渭源县社保中心提交《关于陈某某同志申请退休的报告》，并申请办理相关手续。2015年2月2日，渭源县社保中心下发渭社保发〔2015〕12号文件认定陈某某符合基本养老金领取资格，批准退休。

2017年5月，陈某某以其从事管理岗位、法定退休年龄应为55周岁为由，向渭源县劳动人事仲裁委员会申请仲裁，仲裁委员会以时效已过为由不予受理。2017年7月，陈某某向渭源县人民法院提起诉讼，后向定西市中级人民法院上诉。

渭源县人民法院认为：陈某某退休手续的办理是由用人单位某县供电公司提出申请，渭源县社保中心依据国家相关法律法规予以确认的具体行政行为，对该行为不服应提起行政诉讼，陈某某的起诉不符合《中华人民共和国民事诉讼法》规定的受案条件。因此，裁定驳回陈某某的起诉。

陈某某不服，并上诉至定西市中级人民法院，定西市中级人民法院作出〔2018〕甘11民终163号民事裁定书，裁定驳回上诉，维持原裁定。

🔍 案例分析

劳动争议是指存在劳动关系的当事人之间因执行劳动法律、法规和履行劳动合同而发生的权利义务纠纷。劳动争议需履行仲裁前置程序，即必须先仲裁再起诉，如果劳动争议案件未经仲裁，当事人不能直接到法院起诉，否则，法院可以未经仲裁为由不予受理。劳动争议提起仲裁的时效期限为1年，从当事人知道或者应当知道其权利被侵害之日起计算。当事人提起仲裁时若超过1年仲裁时效，又无证据证明存在时效中止、中断的情形，仲裁机构会以超过仲裁时效为由不予受理。职工的退休是用人单位向当地社会保险事业管理中心提出申请，当地社会保险事业管理中心依据国家相关法律法规予以确认的具体行政行为。对该行为不服应提起行政诉讼，而不是民事诉讼。法院的判决是正确的。

⚙ 工作建议

退休涉及劳动者切身利益，劳动者切身利益无小事，加强对《中华人民共和国劳动法》《中华人民共和国劳动合同法》《中华人民共和国社会保险法》等法律法规的培训学习是依法治企的一项重要工作。尤其是公司人资管理部门在日常工作中要特别注意对员工入职时提供档案材料的备案，以及承诺书的签订工作，尽量做到员工档案身份信息与本人身份信息相吻合，对劳动者年龄、工作岗位、身份务必做到明确清晰，心中有数，并不断依法完善公司人力资源管理各项规章制度。

冯某某诉国网某市供电公司
劳动争议纠纷案

案件总体描述

关于职工退休所引发的纠纷应提起行政诉讼，而非由劳动仲裁管辖

关键词

劳动争议/退休

相关法条

1.《中华人民共和国劳动合同法实施条例（2008年9月18日国务院令第535号）》第二十一条

劳动者达到法定退休年龄的，劳动合同终止。

2.《关于制止和纠正违反国家规定办理企业职工提前退休有关问题的通知》（劳社部发〔1999〕8号）

对职工出生时间的认定，实行居民身份证与职工档案相结合的办法。当本人身份证与档案记载的出生时间不一致时，以本人档案最先记载的出生时间为准。

3.甘肃省人民政府办公厅关于印发《完善企业职工基本养老保险制度实施办法》的通知（甘政办发〔2006〕87号）文件第二十一条

退休年龄的确认实行居民身份证与本人档案相结合的办法。当本人身份证与档案记载的出生时间不一致时，以本人档案最先记载的出生时间

为准。

📄 基本案情

原告：冯某某

被告：国网某市供电公司

原告冯某某于1986年11月入职被告单位，系生产操作岗位员工。基于冯某某最早档案记载年龄（1970年3月出生），被告于2020年3月25日通知其于2020年3月30日终止劳动合同。原告提出自己实际出生日期为1971年3月14日，尚未到退休年龄，向武威市劳动争议仲裁委员会申请劳动仲裁，仲裁庭经审理后对原告请求不予支持，原告为维护权益，向人民法院起诉。

劳动争议仲裁委员会开庭审理后认为，本案的实质为劳动者退休年龄的认定及退休手续办理产生的纠纷，依法不属于劳动争议仲裁委员会受理范围，裁决不予支持原告请求。原告法定期限内向人民法院起诉，要求撤销被告于2020年3月25日作出的《终止劳动合同通知书》，并继续履行劳动合同。2020年7月9日，原告提出撤诉申请，法院裁定准予原告撤诉。

🔍 案例分析

1.因退休年龄认定产生的纠纷不属于劳动争议仲裁审理的范围。本案系因档案记载年龄与身份证年龄不一致引发的退休资格认定纠纷，实质为退休年龄界定的问题，根据甘肃省人民政府下发的《完善企业职工养老保险制度实施办法》（甘政办发〔2006〕87号）第十八条"各级劳动保障部门要严格执行国家有关退休、退休政策、完善退休、退职审批程序，坚持到龄即退的原则"，劳动者退休年龄的界定及退休手续的办理和审批应当由劳动保障部门处理，属于劳动保障部门法定职责，不属于劳动争议仲裁审理范围。

2.劳动者身份证记载的年龄与其个人档案中最早最先记载年龄不一致时，退休年龄的认定以本人档案最先记载的出生时间为准。根据《关于制止和纠正违反国家规定办理企业职工提前退休有关问题的通知》（劳社部发〔1999〕8号）文件规定"对职工出生时间的认定，实行居民身份证与职工档案相结合的办法、当本人身份证与档案记载的出生时间不一致时，以本人档案最先记载的出生时间为准"，根据《完善企业职工基本养老保险制度实施办法》的通知（甘政办发〔2006〕87号）文件第二十一条规定"退休年龄的确认实行居民身份证与本人档案相结合的办法。当本人身份证与档案记载的出生时间不一致时，以本人档案最先记载的出生时间为准"，本案中冯某某最早档案记载出生年月为1970年3月，被告以此作为原告退休年龄认定依据，终止与原告的劳动关系符合法律规定。

☼ 工作建议

1.加强员工档案管理。根据冯某某最早的档案记载显示其招工时申报的出生年月为1970年3月，《甘肃省电力工业局工人退休、退职和在职死亡后招收子女审查登记表》《甘肃省电力工业局招工统考成绩册》《冯某某退休审批表》等多份证据之间能够相互印证，作为案件事实认定的依据。

2.加强公司人力资源合规管理，确保依法依规办理已达法定退休年龄劳动者的退休手续。公司先后向冯某某发出《终止劳动合同通知书》《终止劳动合同证明书》，保证了程序的合法性。

3.完善劳动用工管理制度，加强对劳动合同的管理。结合法律要求和自身发展实际，兼顾双方利益，完善劳动用工管理制度，同时，加强对劳动合同的管理。

4.积极规避劳动用工风险。公司在用工的过程中要以兼顾自身发展和劳动者合法权益并重为原则，对危害劳动者合法权益的问题进行全面分析，并积极采取措施应对可能出现的各种劳动纠纷。

国网某市供电公司诉刘某某
确认劳动关系纠纷案

案件总体描述

确认劳动关系应当关注双方是否有从属和依附关系、是否受用工单位规章制度的制约、工资及福利和社会保险等是否由用工单位负责。

关键词

劳务派遣/劳动关系/劳动仲裁

相关法条

1.《中华人民共和国劳动合同法》第二十六条

以欺诈、胁迫的手段或者乘人之危，使对方在违背真实意思的情况下订立或者变更劳动合同的，劳动合同无效或者部分无效。

2.《中华人民共和国劳动合同法》第七条

用人单位自用工之日起即与劳动者建立劳动关系。用人单位应当建立职工名册备查。

3.劳动部（劳部发〔2005〕12号）《关于确立劳动关系有关事项的通知》第一条

用人单位与劳动者未订立书面劳动合同，但同时具备下列情形的，劳动关系成立。（1）用人单位和劳动者符合法律、法规规定的主体资格；（2）用人单位依法制定的各项劳动规章制度适用于劳动者，劳动者受用人单位的劳动管理，从事用人单位安排的有报酬的劳动；（3）劳动者提供的劳动是用人单位业务的组成部分。

4.《中华人民共和国劳动合同法》第三条

订立劳动合同，应当遵循合法、公平、平等自愿、协商一致、诚实信用的原则。

📄 基本案情

原告：国网某市供电公司

被告：刘某师

第三人：某劳务派遣公司

第三人：某集团公司

诉讼请求：确认被告父亲刘某杰与原告之间不构成劳动关系，本案诉讼费用由被告承担。

2018年2月5日早上8点左右，刘某师父亲刘某杰在原告国网某市供电公司值班期间意外死亡。原告当即通知某集团公司上述情况，某集团公司又通知某劳务派遣公司积极协调白银市人社局办理刘某杰死亡的后续保险事宜，得知死者真实姓名叫刘某杰，而签订劳务派遣合同以及人社局参保的档案身份信息均为"刘某军"。2月8日，死者亲属到某集团公司要求协商处理死者后续事宜，提出家庭困难，希望单位能给予帮助的要求。2月9日，某集团公司为死者发动捐款行动，共计筹集捐款37 470元，于当天送到死者儿子刘某师手中。2月10日，家属对死者进行了安葬。自2月12日起，死者家属陆续到某集团公司、原告以及原告上级单位上访，要求对刘某杰作出工伤（死亡）认定并进行赔偿处理。2018年5月9日，刘某师在白银市劳动争议仲裁委员会申请确认刘某杰与原告之间存在劳动合同关系。2018年6月12日，白银市劳动争议仲裁委员会裁定：申请人父亲刘某杰与原告之间存在事实劳动关系。为此，原告向法院提起诉讼，并追加了某劳务派遣公司和某集团公司为第三人。

白银市劳动争议仲裁委员会裁定申请人父亲刘某杰与原告之间存在事

实劳动关系的主要理由是：刘某杰与某劳务派遣有限公司签订的劳动合同因合同履行内容和欺诈而认定为无效合同，刘某杰自上班以来一直在原告处工作，受原告的管理，从事原告安排的工作，提供的劳动属于原告业务范围。原告不服，以仲裁程序违法、事实认定不清、适用法律错误为由，向白银区人民法院提起诉讼，并追加了某劳务派遣公司和某集团公司为第三人，请求法院确认被告父亲刘某杰与原告之间不构成劳动关系。

2018年10月26日，白银区人民法院以多年来原告向被告父亲提供工作牌、安排其值班、参与抢修、派车单、班组活动记录等，认定被告父亲接受原告的管理为由，驳回原告的诉讼请求。原告仍然不服，以事实认定错误为由，向甘肃省白银市中级人民法院提起上诉。2019年4月3日，白银市中级人民法院撤销白银区人民法院民事判决书，改判确认原告与刘某杰不存在劳动关系。刘某师不服，向甘肃省高级人民法院申诉，最终甘肃省高级人民法院裁定驳回刘某师的申诉。

案例分析

本案是一起劳动关系确认之诉。正确认定本案中各诉讼主体之间的法律关系至关重要。

1.关于本案各诉讼主体之间的法律关系。原告与第三人某集团公司之间：原告的急修、抄表、物业等非直接主营业务已外包给某集团公司201项目部，故原告与第三人某集团公司之间为承包合同法律关系。第三人某集团公司与某劳务派遣公司之间已签订合法有效的《劳务派遣协议》，故某集团公司与某劳务派遣公司之间为劳务派遣合同法律关系，某集团公司为用工单位，某劳务派遣公司为用人单位即劳务输出单位，某劳务派遣公司将自己的员工派遣至原告处进行具体工作。刘某杰与某劳务派遣公司、某集团公司、原告之间的关系为：刘某杰自2011年5月1日起至事发之日止，曾陆续与甘肃陇某劳务派遣有限责任公司、甘肃某成人力资源服务有限公司、某劳务派遣有限公司签订了《劳动合同书》，充分说明其一直系劳务派遣工，用人单位始终为劳务派遣公司。事发时，即2018年2月5日，正是在2017年5月1日刘某杰与某劳务派遣公司签订的固定期限为2017年5月1日起至2019年4月30日止的《劳动合同书》的期限内，合同约定其用工单位为某集团公司201项目部。因此，刘某杰与某劳务派遣公司之间形成劳动合同关系，劳动者刘某杰从某劳务派遣公司取得劳动报酬以及其他一切劳动保障与福利待遇；刘某杰与某集团公司之间形成用工关系，某集团公司对劳动者刘某杰的义务主要是保障工作安全和提出工作要求、进行培训等。由于原告的急修、抄表、物业等非直接主营业务已外包给某集团公司，刘某杰的工作地点在原告处，但刘某杰与原告之间不存在任何法律意义上的权利义务关系，故刘某杰与原告之间不存在法律关系。

2.刘某杰与原告之间不构成劳动关系。首先，原告与刘某杰之间并没有丝毫建立劳动关系的意思表示，更没有建立劳动关系的合意。《中华人民共和国劳动合同法》第三条明确规定，建立劳动关系必须遵循自愿原则。自愿就是指订立劳动合同完全是出于劳动者和用人单位双方的真实意志，是双方协商一致达成的，任何一方不得将自己的意志加给另一方。自愿原则包括：订不订立劳动合同由双方自愿、与谁订立劳动合同由双方自愿、合同的内容取决于双方的自愿。本案中，原告只是将急修、抄表、物业等非直接主营业务外包给某集团公司201项目部，并不清楚具体劳动者是谁，刘某杰是否实际为上述业务提供了劳务，在这种完全缺乏双方合意的情形下，直接认定原告与刘某杰之间存在事实劳动关系，不符合实事求是原则。如果原告根本没有与具体劳动者刘某杰订立劳动合同的意思，而通过仲裁或者司法判决方式强行认定双方之间存在劳动关系，则等于违背了《中华人民共和国劳动合同法》总则中对自愿原则的规定。本案中仲裁和一审判决均违反这一规定是错误的。其次，如果认定原告与劳动者刘某杰之间存在劳动关系，那么，真正具有用人主体资格并收取服务费的某劳务派遣公司和实际使用劳动力并承担现场管理职能的某集团公司反而不需要再承担任何法律责任了，这种处理方式显然不符合公平原则。如果法律许可这种做法，无论是用人单位劳务派遣公司还是用工单位或者具体劳动者反而很容易逃避相应的法律责任。此外，如果强行认定原告与刘某杰之间存在劳动关系，还会导致产生一系列无法解决的现实难题：劳动者刘某杰会要求与原告签订书面劳动合同（当然本案中刘某杰已故，但作为仲裁裁决和司法判决，维护法律的正义和法律的普遍适用性是天职），要求为其办理社会保险手续，要求支付不签订书面劳动合同而应支付的双倍工资等，而上述问题，本案中均由某劳务派遣公司全部如约完成，刘某杰这些要求显而易见都是不应当得到支持的。作为仲裁机构和法院如强行认定原告与刘某杰之间存在劳动关系，不但违背了"定分息止"的法律终极目的，而且制造了新的矛盾和纠纷。最后，本案中，刘某杰应当取得的劳动报酬以及其他一切劳动保障与福利待遇都已取得，只是冒用了"刘某军"身份信息，需要做的只是以事实为根据。法律为准绳，通过合法途径变更身份信息即可。虽然不认定原告与刘某杰之间存在劳动关系，并不意味着其亲属即被告刘某师的民事权益得不到保护。

综上，刘某杰与原告并无身份上的从属和依附关系，不受原告各项劳动规章制度的制约，也不享有原告的劳动保护、福利和社会保险等待遇。原告没有就急修、抄表、物业等非直接主营业务与刘某杰达成书面或口头协议，也未直接招用刘某杰和向其支付过报酬。即使因为刘某杰已超过60岁签订劳动合同而认为劳动合同无效或者说某劳务派遣公司认为因欺诈签订的劳动合同无效，也并不必然导致原告与刘某杰之间形成事实劳动关系。故，刘某杰与原告之间不存在事实劳动合同关系，不构成劳动关系。

☼ 工作建议

本案最终结果为公司胜诉，维护了企业正常的用工秩序，但从中暴露的问题值得深思：在诉讼过程中，被告一直主张其父亲刘某杰"冒用"刘某军身份信息是经过原告或者说第三人同意的，而且，与哪个劳务派遣公司签订合同也是由原告或者说第三人指定的。第三人某劳务派遣公司也同意被告以上说法。另外，被告和某劳务派遣公司一直对派遣岗位"三性（临时性、替代性、辅助性）"作出质疑。其次，原告国网某市供电公司主张其急修、抄表、物业等非直接主营业务已外包给某集团公司只是现实做法，并无书面合同或其他相关证据。

建议：

1.强化劳务派遣用工管理，全面清理"身份信息"与劳动者实际不一致的现象。

2.各负其责，督促劳务派遣公司加强对劳务派遣人员劳动合同法治教育，增强劳动者对劳动法律关系的认识，维护企业正常用工秩序。

3.继续理顺主业与集体企业之间的业务法律关系。

刘某某诉国网某超高压公司
劳动争议纠纷案

✏ 案件总体描述

护线员与单位之间形成的是劳务关系，而非劳动关系。

🔍 关键词

劳动关系/劳务关系/再审

⚖ 相关法条

1.《中华人民共和国劳动法》第十六条

劳动合同是劳动者与用人单位确立劳动关系、明确双方权利和义务的协议。

建立劳动关系应当订立劳动合同。

2.《中华人民共和国劳动合同法》第十条

建立劳动关系，应当订立书面劳动合同。

3.《中华人民共和国劳动合同法》第四十三条

用人单位单方解除劳动合同，应当事先将理由通知工会。用人单位违反法律、行政法规规定或者劳动合同约定的，工会有权要求用人单位纠正。用人单位应当研究工会的意见，并将处理结果书面通知工会。

4.《中华人民共和国劳动合同法》第五十条

用人单位应当在解除或者终止劳动合同时出具解除或者终止劳动合同

的证明，并在十五日内为劳动者办理档案和社会保险关系转移手续。

劳动者应当按照双方约定，办理工作交接。用人单位依照本法有关规定应当向劳动者支付经济补偿的，在办结工作交接时支付。

用人单位对已经解除或者终止的劳动合同的文本，至少保存二年备查。

5.《劳动和社会保障部关于确立劳动关系有关事项的通知》

用人单位招用劳动者未订立书面劳动合同，但同时具备下列情形的，劳动关系成立。

（1）用人单位和劳动者符合法律、法规规定的主体资格；

（2）用人单位依法制定的各项劳动规章制度适用于劳动者，劳动者受用人单位的劳动管理，从事用人单位安排的有报酬的劳动；

（3）劳动者提供的劳动是用人单位业务的组成部分。

用人单位未与劳动者签订劳动合同，认定双方存在劳动关系时可参照下列凭证：

（1）工资支付凭证或记录（职工工资发放花名册）、缴纳各项社会保险费的记录；

（2）用人单位向劳动者发放的"工作证""服务证"等能够证明身份的证件；

（3）劳动者填写的用人单位招工招聘"登记表""报名表"等招用记录；

（4）考勤记录；

（5）其他劳动者的证言等。

其中，（1）（3）（4）项的有关凭证由用人单位负举证责任。

📄 基本案情

原告：刘某某

被告：国网某超高压公司

诉讼请求：请求国网某市供电公司、国网某超高压公司向其支付拖欠工资及赔偿金。

天水张家川村民刘某某自1984年起，对其居住地附近的输电线路进行巡视维护，时值输电线路资产管理单位（国网某市供电公司、国网某超高压公司）按期向其支付劳务费。2017年，因线路改造，国网某超高压公司足额付清其劳务费后告知其今后无须开展护线工作。刘某某基于对劳动关系的"认识错误"，于2018年11月向法院提起诉讼，请求国网某市供电公司（以下简称"供电公司"）、国网某超高压公司（以下简称"超高压公司"）向其支付拖欠工资及赔偿金。

法院经审理后作出了对超高压公司不利的裁判结果。为切实维护自身合法权益，同时避免引发省内其他地区护线员跟风诉讼，进而给省公司乃至国家电网公司造成更大经济损失和经营风险，超高压公司在省公司专业部门的大力支持下，历经一审、二审、重审一审、重审二审、再审五次审理，穷尽了一切法律救济手段。最终，甘肃省高级人民法院再审认定超高压公司与刘某某之间不存在劳动关系，并依法对原判决予以改判。超高压公司胜诉。

1.一审法院裁定驳回刘某某起诉。一审中，刘某某诉讼请求为判令供电公司及超高压向其支付工资5712元，同时支付赔偿金32 368元。刘某某首先起诉供电公司，后申请追加超高压公司为被告，一审法院认为，刘某某未经劳动争议仲裁前置程序对超高压公司进行相关权利主张，因此驳回刘某某起诉。

2.二审法院裁定撤销一审裁定。二审中，刘某某诉讼请求为撤销一审民事裁定，指令天水市秦州区法院审理。二审争议焦点为，劳动争议案件在诉讼中追加当事人是否再行劳动仲裁前置程序。二审法院认为，原审法院以再行劳动仲裁前置程序为由驳回刘某某起诉不当，因此裁定撤销一审民事裁定，指令天水市秦州区法院审理。

3.重审一审法院判决刘某某胜诉。一审中，刘某某诉讼请求为判令供电公司及超高压公司向其支付工资2856元及赔偿金32 368元。重审一审争议焦点为，一是刘某某与超高压公司之间系劳动关系还是劳务关系。重审一审法院经审理后认为，刘某某与超高压公司之间具备建立劳动关系的构成要件，存在用人单位与劳动者的隶属关系，双方之间已经形成了有效的劳动合同关系，故超高压公司解除与刘某某的劳动关系违法，应当承担法律责任，并补发拖欠工资。遂判决超高压公司向刘某某支付工资2856元及赔偿金31 416元。超高压公司不服，依法向天水市中级人民法院提起上诉，请求撤销天水市秦州区法院一审判决，驳回刘某某一审诉讼请求。

4.重审二审法院判决维持一审判决。重审二审中，超高压公司上诉请求为，撤销天水市秦州区法院一审判决，驳回刘某某一审诉讼请求。重审二审争议焦点与一审法院一致。重审二审法院认为，一审法院关于劳动关系及赔偿金的认定事实清楚、适用法律正确，予以支持，判决驳回上诉，维持原判。

5.再审法院判决超高压公司胜诉。再审中，超高压公司上诉请求为撤销二审判决，驳回刘某某诉讼请求。再审争议焦点为，超高压公司与刘某某之间系劳动关系还是劳务关系。再审庭审后，超高压公司向法院提交了《国网某超高压公司关于不再就相关线路护线工作进行劳务外委的情况说明》，对输电线路运维技术进步的发展变迁以及现阶段新技术取代人工作业情况进行陈情，有力地证明超高压公司辞退刘某某系客观情势变更导致，并不存在违法解除情形。再审法院经审查后认为，综合考量双方主体最初意思表示及实际履行过程，双方形成的是长期劳动服务关系，故原一审法院认定双方之间系劳动关系以及二审法院认定双方之间系事实劳动关系均属不当，应予纠正，遂判决撤销一、二审判决并驳回刘某某其他诉讼请求。

🔎 案例分析

本案争议焦点为刘某某与超高压公司之间属于劳动关系还是劳务关系。实践中，法院通常是通过双方权利义务的履行情况判断当事双方之间是否符合劳动关系的构成要件，并从双方是否存在人身依附性、财产性、劳动者是否实际接受用人单位的管理、指挥或监督等方面进行综合考量。

针对争议焦点，超高压公司面对案件时间跨度大、部分证据调取困难等实际情况，在省公司专业部门大力支持下迎难而上、主动作为，一是锁定发放护线费的流水以及劳务发票等证据，证明以上报酬是劳务费，且上述费用发票均系以"劳务费""护线费"的名义由他人代开，没有"工资"记载；二是锁定刘某某所提交的《护线合同》，证明护线费为8元/基，刘某某完成指定基线巡视工作后所领取的报酬是根据工作量计件制确定的劳务费，并非工资；三是锁定《输电线路运行标准化管理规范》等管理规定，证明刘某某所从事工作并不属于超高压公司员工工作职责范围，且刘某某不具备从事以上工作的能力和条件；四是锁定负责刘某某所在区域输电运维班组考勤及相关管理过程资料，证明刘某某并未纳入超高压公司考勤管理，也不需要遵守超高压公司日常管理制度，双方之间无人身依附性，不属于领导与被领导的关系；五是锁定与刘某某共同进行护线工作的证人高某某证言，证明所从事的护线工作是其务农工作外的额外收入，并非其主要生活来源，且每月工作时间通常仅为1-2天，无须到岗且无须遵守超高压公司日常管理，双方无隶属关系，无人身依附性。因此，双方之间不具备劳动关系的成立要件。

☼ 工作建议

本案在省内及国内形成最新、最有力的护线员劳动争议案件判例，从根源上杜绝了护线员确认劳动关系的可能性及跟风效应，为国网及省公司挽回了若败诉可能引发的难以估量的经济损失。但本案所反映的问题具有较强的普遍性，建议在今后日常经营管理过程中重点关注以下事项：

1.及时签订劳务协议。在协议中明确双方关系属于劳务关系，劳务人员提供劳务，公司根据劳动量支付劳动报酬。

2.注意劳务费发放证据留存。公司向劳务人员支付的报酬只能是劳务费，且应注意留存劳务费发放的相关证据（票据、发放清单、银行流水等），避免在出现争议时该费用被认定为工资报酬，进而被认定存在劳动关系的风险。

3.规范劳务关系终止流程。终止劳务关系的程序要合法合规，并妥善保存相关记录（包括但不限于终止原因、时间，终止通知的签收回执等）。

马某诉国网某县供电公司
劳动争议案

✐ 案件总体描述

　　劳动者提出解除劳动关系的，劳动者能够证明其已经通知用人单位解除劳动关系的时间的，该时间为劳动争议发生之日。劳动者不能证明的，用人单位主张权利之日为劳动争议发生之日。

🔑 关键词

　　劳动关系/劳动仲裁/解除劳动关系/养老保险金/诉讼时效

⚖ 相关法条

　　1.《中华人民共和国劳动合同法》第三十七条

　　劳动者提前三十日以书面形式通知用人单位，可以解除劳动合同。劳动者在试用期内提前三日通知用人单位，可以解除劳动合同。

　　2.《中华人民共和国劳动合同法》第三十九条

　　劳动者有下列情形之一的，用人单位可以解除劳动合同：（一）在试用期间被证明不符合录用条件的；（二）严重违反用人单位的规章制度的；（三）严重失职，营私舞弊，给用人单位造成重大损害的；（四）劳动者同时与其他用人单位建立劳动关系，对完成本单位的工作任务造成严重影响，或者经用人单位提出，拒不改正的；（五）因本法第二十六条第一款第一项规定的情形致使劳动合同无效的；（六）被依法追究刑事责任的。

3.《中华人民共和国劳动争议调解仲裁法》第二十七条

劳动争议仲裁时效期间为一年。仲裁时效期间从当事人知道或者应当知道其权利被侵害之日起计算。

前款规定的仲裁时效，因当事人一方向对方当事人主张权利，或者向有关部门请求权利救济，或者对方当事人同意履行义务而中断。从中断时起，仲裁时效期间重新计算。

因不可抗力或者有其他正当理由，当事人不能在本条第一款规定的仲裁时效期间申请仲裁的，仲裁时效中止。从中止时效的原因消除之日起，仲裁时效期间继续计算。

劳动关系存续期间因拖欠劳动报酬发生争议的，劳动者申请仲裁不受本条第一款规定的仲裁时效期间的限制；但是，劳动关系终止的，应当自劳动关系终止之日起一年内提出。

📄 基本案情

原告：马某

被告：国网某县供电公司

诉讼请求：（1）支付2012年3月1日起至2021年1月27日经济赔偿金1 513 000元；（2）按有关养老保险政策规定的企业正常缴纳养老保险基数，补缴2012年3月至2021年1月的养老保险金；（3）支付解除劳动合同一次性经济补偿金1 872 000元；（4）承担本案诉讼费用。

基本案情：原告马某1998年6月入职被告处工作，任职期间先后从事电厂值班、供电所售电、城乡电网改造施工、齐家镇供电所会计等工作。2012年3月1日，马某因与被告关系紧张、待岗在家。期间，被告以最低工资标准为原告缴纳社保并发放工资。2016年7月8日，马某向被告递交辞职报告，申请解除与被告的劳动合同。被告未出具解除或者终止劳动合同的证明，但从2016年8月开始停发工资，社保缴纳至2017年10月。2021年1月27日马某申请仲裁，广河县仲裁委员会于2021年4月12日作出广劳仲案字〔2021〕02号仲裁裁决书，裁决：（1）被告补发马某2016年8

月至2021年1月的生活费79 380元；（2）被告按原标准补缴马某2017年11月至2021年1月养老保险；（3）双方劳动关系于2021年1月27日解除；（4）被告支付马某解除劳动合同经济赔偿金74 244元；（5）马某要求被告足额补交社保金、公积金、申报病退、转移档案属于行政职能，不在仲裁受理范围；（6）对马某其他请求不予支持。后双方均不服仲裁裁决，诉至法院。

马某向法院起诉，请求判决被告：（1）支付2012年3月1日起至2021年1月27日经济赔偿金1 513 000元；（2）按有关养老保险政策规定的企业正常缴纳养老保险基数，补缴2012年3月至2021年1月的养老保险金；（3）支付解除劳动合同一次性经济补偿金1 872 000元；（4）承担本案诉讼费用。

被告向法院起诉请求：（1）判决双方劳动关系于2016年7月8日解除；（2）判决不予支付马某2016年8月至2021年1月生活费79 380元；（3）判决不予补缴马某2017年11月至2021年1月养老保险；（4）判决不予支付马某解除劳动合同经济赔偿金74 244元；（5）本案诉讼费用由马某承担。

一审法院认定，双方劳动关系解除之日为马某递交辞职报告之日（即2016年7月8日）；补缴养老保险金的请求事项属于行政职权范畴，不属于人民法院的受案范围；经济赔偿金部分因马某没有提供证据证明导致仲裁时效中止、中断，2021年1月27日马某申请仲裁时仲裁时效已过，故判决原被告双方劳动关系自2016年7月8日解除；驳回原告的诉讼请求。马某不服一审判决，提出上诉。二审法院驳回上诉，维持原判。

🔍 案例分析

1.劳动者和用人单位的合法权益依法受到保护。本案属于劳动争议纠纷，双方争议的集中于以下几点：一是原告马某与被告国网某县供电公司劳动关系解除之日如何确定；二是补缴养老保险金的请求事项是否属于人民法院受理案件范围；三是本案仲裁时效是否已过；四是原告请求被告支付赔偿金是否经仲裁前置程序处理，是否属于法院受理范围，应否支持；

五是被告应否向原告支付一次性经济补偿金。

1.原告马某与被告国网某县供电公司劳动关系解除之日如何确定

最高人民法院《关于审理劳动争议案件适用法律问题的解释（二）》第一条第（二）项规定："因解除或者终止劳动关系产生的争议，用人单位不能证明劳动者收到解除或者终止劳动关系书面通知时间的，劳动者主张权利之日为劳动争议发生之日"，上述规定针对的是用人单位提出解除劳动关系的情况，不针对劳动者提出解除劳动关系的情况。劳动者提出解除劳动关系的，劳动者能够证明其已经通知用人单位解除劳动关系的时间的，该时间为劳动争议发生之日。劳动者不能证明的，用人单位主张权利之日为劳动争议发生之日。本案中原告于2016年6月21日向被告提出以一次性补偿金方式解除劳动关系的申请书，但双方未能达成一致意见。原告又于2016年7月8日向被告递交《辞职报告》，内容为"因本人多年检举公司原领导等人的重大腐败问题，造成无法正常上班。在2016年6月21日提出以一次性补偿金方式时，也答复我无法解决！特写此报告提出书面辞职报告，特此申请，解除与单位劳动关系。"根据《中华人民共和国劳动合同法》第三十七条规定："劳动者提前三十日以书面形式通知用人单位，可以解除劳动合同。劳动者在试用期内提前三日通知用人单位，可以解除劳动合同"，即《中华人民共和国劳动法》明确赋予了劳动者辞职的绝对权利，而且这种权利是劳动者单方面解除劳动合同无须任何实质条件，只需要履行提前通知的义务即可。根据《中华人民共和国劳动合同法》第五十条规定："用人单位应当在解除或者终止劳动合同时出具解除或者终止劳动合同的证明，并在十五日内为劳动者办理档案和社会保险关系转移手续。劳动者应当按照双方约定，办理工作交接。用人单位依照本法有关规定应当向劳动者支付经济补偿的，在办结工作交接时支付……"第八十九条规定："用人单位违反本法规定未向劳动者出具解除或者终止劳动合同的书面证明，由劳动行政部门责令改正；给劳动者造成损害的，应当承担赔偿责任。"综上，终止或解除劳动合同证明书只是劳动者享受失业保险待遇和失业登记、求职登记的凭证，并非宣告用人单位与劳动者劳动关系终止、解除的法律文件，用人单位没有出具劳动关系终止、解除证明并不意味着双方劳动关系没有解除，只能证明用人单位没有履行劳动合同终止、解除时应当履行的合同附随义务，劳动者可以诉请用人单位出具劳动关系终止、解除证明，但不能以此为由认为双方劳动关系尚未终止或解除。本案中原告认为双方并未解除劳动关系的理由是，其提出辞职后被告未出具解除或者终止劳动合同的书面证明，且继续为其缴纳社保至2017年10月，因此双方的劳动关系并未因辞职而解除。被告在收到《辞职报告》后虽未出具解除或者终止劳动合同的证明，但其属于修改相关行政部门责令整改的行为，并不影响劳动者单方辞职的绝对权利。且根据《劳动和社会保障部关于确立劳动关系有关事项的通知》（劳社部发〔2005〕12号）的规定："用人单位招用劳动者未订立书面劳动合同，但同时具备下列情形的，劳动关系成立。（一）用人单位和劳动者符合法律、法规规定的主体资格；（二）用人单位依法制定的各项劳动规章制度适用于劳动者，劳动者受用人单位的劳动管理，从事用人单位安排的有报酬的劳动；（三）劳动者提供的劳动是用人单位业务的组成部分。"若劳动者与用人单位的工作关系不存在上述特征，那么即使缴纳了社保，也不能认定为劳动关系。因此，原告不能仅因被告给其缴纳社保至2017年10月就认为双方的劳动关系仍然存在。根据《关于审理劳动争议案件适用法律问题的解释（二）》第一条第（三）项规定："劳动关系解除或者终止后产生的支付工资、经济补偿金、福利待遇等争议，劳动者能够证明用人单位承诺支付的时间为解除或者终止劳动关系后的具体日期的，用人单位承诺支付之日为劳动争议发生之日。劳动者不能证明的，解除或者终止劳动关系之日为劳动争议发生之日。"本案庭审中原告未能提供任何能够证明被告承诺支付时间的证据。综合上述法律规定和查明的事实，双方的劳动争议发生之日为2016年7月8日，劳动关系解除之日也应当确定为2016年7月8日。因此，被告无须向原告支付2016年8月至2021年1月生活费。

2.补缴养老保险金的请求事项是否属于人民法院受理案件范围

根据《中华人民共和国劳动法》第一百条规定"用人单位无故不缴纳

社会保险费的，由劳动行政部门责令其限期缴纳；逾期不缴纳的，可以加收滞纳金"，《中华人民共和国社会保险法》第六十三条："用人单位未按时足额缴纳社会保险费的，由社会保险费征收机构责令其限期缴纳或者补足"，《社会保险费征缴暂行条例》第十三条："缴费单位未按规定缴纳和代扣代缴社会保险费的，由劳动保障行政部门或者税务机关责令限期缴纳"。最高人民法院研究室关于王某与某公司劳动争议纠纷申请再审一案适用法律问题对甘肃省高级人民法院的答复（法研〔2011〕31号）：根据《中华人民共和国劳动法》《社会保险费征缴暂行条例》的有关规定，征缴社会保险费属于社会保险费征缴部门的法定职责，不属于人民法院受理民事案件的范围，可见社会保险费的征缴属于行政职权范畴，不属于人民法院民事案件的受理范围。另外，《最高人民法院关于审理劳动争议案件适用法律若干问题的解释（三）》第一条规定："劳动者以用人单位未为其办理社会保险手续，且社会保险经办机构不能补办导致其无法享受社会保险待遇为由，要求用人单位赔偿损失而发生争议的，人民法院应予受理。"该条规定适用的前提是用人单位"未为其办理社会保险手续"，但本案原告认为被告未足额缴纳养老保险，要求判令被告补缴养老保险金，并不是被告纯粹未对其办理社会保险手续。因此，原告提出的补缴2012年3月1日至2021年1月7日养老保险金的诉求，不属于法院民事案件受理范围，法院不予处理是正确的。

3.本案是否已过仲裁时效

根据《中华人民共和国劳动争议调解仲裁法》第二十七条规定："劳动争议申请仲裁的时效期间为一年。仲裁时效期间从当事人知道或者应当知道其权利被侵害之日起计算。前者规定的仲裁时效，因当事人一方向对方当事人主张权利，或者向有关部门请求权利救济，或者对方当事人同意履行义务而中断。从中断时起，仲裁时效期间重新计算。因不可抗力或者有其他正当理由，当事人不能在本条第一款规定的仲裁时效期间申请仲裁的，仲裁时效中止。从中止时效的原因消除之日起，仲裁时效期间继续计算。劳动关系存续期间因拖欠劳动报酬发生争议的，劳动者申请仲裁不受本条第一款规定的仲裁时效期间的限制；但是，劳动关系终止的，应当自劳动关系终止之日起一年内提出"，本案双方的劳动关系解除之日为2016年7月8日，从该日起双方劳动关系终止。2016年7月8日至2021年1月27日期间，原告未能证明存在仲裁时效中断、中止事由，其于2021年1月27日申请劳动仲裁，已经超过了1年的法定仲裁时效，因此本案仲裁时效已过。

4.原告请求被告支付赔偿金是否经仲裁前置程序处理，是否属于法院受理范围，应否支持。

本案仲裁裁决书裁决第四项是对原告经济赔偿金的裁定，即原告请求被告支付赔偿金已经仲裁前置程序处理，属于人民法院受理范围。但根据《中华人民共和国劳动争议调解仲裁法》第二十七条关于仲裁时效的规定，原告于2021年1月27日申请劳动仲裁，已经超过了法定的仲裁时效，且原告不能证明存在仲裁时效中断、中止事由，已丧失实体胜诉权。其次，因本案解除劳动合同系原告单方主动解除，符合法律规定，也不存在劳动者主动解除合同时应当获得经济补偿金的法定情形，因此，对原告马某请求被告支付一次性经济补偿金、二倍赔偿金的诉讼请求不予支持是正确的。

☼ **工作建议**

一、员工主动提出解除劳动合同法律风险防范

结合《中华人民共和国劳动法》及相关司法解释的规定以及案件纠纷处置情况，提供以下建议：

1.员工在试用期辞职的，应当提前3天通知用人单位。

2.转正之后的员工辞职的，应当提前30天通知用人单位。

3.用人单位为员工办理工作交接、财务结算、开具离职证明、办理社保、公积金、人事档案转移等。

4.需注意的事项如下：

（1）员工主动辞职，不需要理由。但是，双方之前如果签订过服务期协议或培训协议等对服务期有约定的除外。

（2）员工辞职，用人单位应要求采用书面方式，口头方式不被法律认可。书面方式包括提交纸质辞呈、邮寄辞呈、向公司有关负责人发送电子邮件等。

二、用人单位单方解除劳动合同法律风险防范

1.确定解除劳动合同依据

应当依据《中华人民共和国劳动合同法》第三十九条"过失性辞退"以及第四十条"无过失性辞退"确定解除劳动合同的理由。

2.用人单位应将解除理由事先通知工会

《中华人民共和国劳动合同法》第四十三条规定，用人单位单方解除劳动合同的，应当事先将解除理由通知工会。工会发现解除理由违反法律规定或劳动合同约定的，应当提出意见，要求用人单位纠正。用人单位收到工会回复意见后，应当认真研究，并将处理结果再次通知工会。

在适用该条款时，用人单位应注意以下几点内容：

（1）已建立工会的用人单位，必须事先将解除理由通知工会。如果用人单位未按法律规定通知工会，即使解除行为在实体方面合法，也会因为解除程序存在瑕疵，被仲裁机构和法院等认定为违法解除。但是，最高人民法院《关于审理劳动争议案件适用法律若干问题的解释（四）》第十二条规定，用人单位建立有工会但解除劳动合同前没有履行通知工会程序的，可以在劳动者起诉前补正通知程序。这里的起诉，通常理解为法院一审诉讼立案之前。

（2）对解除劳动合同的理由，工会提出异议的，用人单位应就工会意见认真研究，并将处理结果再次通知工会。工会未提出异议的，并不代表用人单位的解除就符合法律规定，仲裁机构和法院等依然会对用人单位解除劳动合同的合法性进行全面审查。

3.用人单位应在合理期限内作出解除劳动合同决定

用人单位以试用期不符合录用条件为由解除劳动合同的，应当在试用期内作出决定，并有效送达劳动者。劳动者发生《中华人民共和国劳动合同法》第三十九条第（二）至（六）项规定情形，用人单位单方解除劳动

合同的，应当在合理期限内完成。

4.解除劳动合同决定以书面方式通知并有效送达劳动者

解除劳动合同决定未有效送达劳动者本人的，不发生解除劳动合同的效力。用人单位在将解除劳动合同通知送达劳动者时，需注意以下几点内容：

（1）解除劳动合同通知书的内容，至少应当包括：被解除劳动者的姓名、解除理由（包括事实依据、制度依据、法律依据）、劳动合同解除日期、办理离职手续要求、经济补偿金、相关费用的结算和支付日期（如有）、竞业限制协议履行义务告知（如有）、用人单位名称和日期（加盖公章）、签收通知的回执。

（2）用人单位应当向劳动者本人有效送达解除通知书，常见的送达方式：①直接送达，即向劳动者当面送达并取得劳动者的书面签字确认，保留已有效送达的凭证；②邮寄送达，应注意：除中国邮政EMS外，其他快递公司并不具备送达法律文件的资质；③电子送达，即用人单位可以采取短信、微信、邮件等方式送达《劳动合同解除通知书》扫描件；④用人单位确实无法有效将《劳动合同解除通知书》送达劳动者本人的，可联系劳动者在《劳动合同》或《入职登记表》中预留的紧急联系人，并向其核实劳动者下落，再依法履行送达程序；⑤报纸公告送达，用人单位穷尽一切方式仍无法有效送达，仍可以通过新闻媒体进行报纸公告的方式送达《解除劳动合同通知书》。

三、员工主动辞职或用人单位单方解除，应注重员工离职手续办理风险防范

根据《中华人民共和国劳动合同法》第五十条规定，劳动合同解除后，劳动关系双方依然负有合同解除后的法定附随义务，包括：交接工作，财务结算，开具离职证明，办理社保、公积金、人事档案转移手续等。

1.办理工作交接

用人单位解除劳动合同时，应当主动告知劳动者办理工作交接的相关

要求，如交接时间、交接对象、交接事项等。

2.办理财务结算

劳动关系解除后，用人单位和劳动者应当办理的财务结算主要包括：（1）在职期间的劳动报酬；（2）解除劳动合同的经济补偿金，用人单位应在劳动者完成工作交接后支付；（3）劳动者有工作费用报销、工作借款等，用人单位应进行据实结算；（4）用人单位应当保留向劳动者支付或收取各类款项的财务凭证；涉及劳动者同意赔偿和抵扣款项的，应当要求劳动者书面确认；（5）劳动者与用人单位存在其他生活费用借款、租房、房屋回购、股权返还等纠纷，无法协商解决的，可通过民事诉讼程序解决。

3.开具离职证明

《中华人民共和国劳动合同法》第五十条规定，用人单位应当在劳动合同解除或终止时出具解除或终止劳动合同证明，也就是通常称"离职证明"，出具时用人单位应当注意：

（1）无论用人单位与劳动者就劳动合同解除是否存在争议、存在何种争议、争议解决进度及结果如何，用人单位都应当在解除劳动合同时，及时向劳动者出具离职证明。

（2）离职证明不是用人单位对劳动者工作能力的"差评单"，其内容应当符合法律规定。根据《中华人民共和国劳动合同法实施条例》第二十四条的规定，离职证明的内容应包括：①劳动合同期限；②解除或者终止劳动合同的日期；③工作岗位；④在本单位的工作年限。除以上四项内容外，一般不得载有对劳动者不利的主观评价。

4.办理社保、公积金、人事档案转移

劳动合同解除后，用人单位应当在15日内为劳动者办理社保和人事档案的转移手续，并于30日内向住房公积金管理中心办理变更登记，为劳动者办理住房公积金账户转移或者封存手续。劳动者不配合办理上述手续的，用人单位在尽到提醒、告知义务后，可以将人事档案转至劳动者户籍地街道办事处，劳动者就此主张损失赔偿的，法院一般不予支持。

喻某某与国网某县供电公司
劳动争议仲裁案

✐ **案件总体描述**

劳动者有过错情形时，用人单位有权单方解除劳动合同。

🔑 **关键词**

劳动关系/劳动仲裁/解除劳动关系

⚖ **相关法条**

1.《中华人民共和国劳动合同法》第三十九条

劳动者有下列情形之一的，用人单位可以解除劳动合同：（一）在试用期间被证明不符合录用条件的；（二）严重违反用人单位的规章制度的；（三）严重失职，营私舞弊，给用人单位造成重大损害的；（四）劳动者同时与其他用人单位建立劳动关系，对完成本单位的工作任务造成严重影响，或者经用人单位提出，拒不改正的；（五）因本法第二十六条第一款第一项规定的情形致使劳动合同无效的；（六）被依法追究刑事责任的。

2.《中华人民共和国劳动法》第四十三条

用人单位单方解除劳动合同，应当事先将理由通知工会。用人单位违反法律、行政法规规定或者劳动合同约定的，工会有权要求用人单位纠正。用人单位应当研究工会的意见，并将处理结果书面通知工会。

3.《中华人民共和国劳动合同法》第五十条

用人单位应当在解除或者终止劳动合同时出具解除或者终止劳动合同的证明，并在十五日内为劳动者办理档案和社会保险关系转移手续。

劳动者应当按照双方约定，办理工作交接。用人单位依照本法有关规定应当向劳动者支付经济补偿的，在办结工作交接时支付。

用人单位对已经解除或者终止的劳动合同的文本，至少保存二年备查。

📖 基本案情

申请人：喻某某

被申请人：国网某县供电公司

仲裁请求：依法裁决被申请人支付违法解除劳动合同赔偿金 210 000 元。后在开庭时当庭变更申请事项为恢复其工作岗位。

基本案情：1998 年 8 月 20 日，申请人进入被申请人（国网某县供电公司）电力调度控制分中心工作。2014 年起，申请人被借调至金昌供电公司从事校验设备工作，借调期间，仍受被申请人管理，工资由被申请人支付。2015 年 10 月 15 日，申请人和被申请人签订了无固定期限劳动合同。2019 年 3 月 31 日至 2019 年 6 月 17 日期间，申请人连续 4 次请病假并办理了请假手续，被申请人均予准假。2019 年 6 月 18 日至 2019 年 7 月 10 日，申请人请事假并办理了请假手续，被申请人亦予准假。2019 年 7 月 2 日，申请人收到了被申请人处电力调度控制分中心主任发送的关于要求申请人返岗上班或者履行续假手续以及告知不上班也不续假连续 15 天旷工或者一年累计旷工 30 天将会解除劳动关系的短信。2019 年 7 月 10 日，申请人事假到期后，未到被申请人处办理请假手续，也未返岗工作，被申请人于当天向申请人的父亲送达了《返岗通知》并经申请人父亲签收。2019 年 7 月 11 日起，被申请人的借调单位国网某市供电公司客户服务中心计量室对申请人的考勤作旷工记录，并将考勤记录报被申请人处。2019 年 10 月 24 日，申请人收到被申请人处人资部主管通过微信发送的《返岗通知书》，该通知书要求申请人于2019年10月28日前返回被申请人处办理相关手续，到期申请人仍未返岗。2019年10月29日，被申请人就解除与申请人之间的劳动关系向被申请人工会委员会发函征求意见。2019年10月30日，被申请人处工会委员会召开专题会议研究，并于2019年10月31日复函被申请人处人资部同意解除与申请人的劳动关系，同日，被申请人作出《解除劳动合同通知书》，并于当日向申请人的父亲送达了该通知书，该通知书经申请人父亲签收。之后，被申请人通过照相留置送达的方式在申请人劳动合同记载的居住地址留置送达了《解除劳动合同通知书》，2019年11月16日，被申请人通过中国邮政EMS向申请人劳动合同记载的居住地址邮寄了《解除劳动合同通知书》，因收件人无法联系该邮件被退回。2019年11月14日和2019年11月18日，被申请人分别通过金昌日报、甘肃日报公告送达了解除与申请人之间劳动关系的《通告》。同时，被申请人将申请人的工资待遇支付至2019年10月31日。2021年3月，申请人以被申请人违法解除劳动合同为由，向永昌县劳动人事争议仲裁委员会提起仲裁，申请依法裁决被申请人支付违法解除劳动合同赔偿金210 000元。后在开庭时当庭变更申请事项为恢复其工作岗位。

审理情况

审理过程中查明：2019年10月至2020年8月，申请人在成都做批发花椒的生意。

仲裁委认定，被申请人解除与申请人之间的劳动合同关系符合《中华人民共和国劳动合同法》有关规定，双方之间的劳动合同关系已解除，对申请人关于恢复工作岗位的仲裁请求不予支持，裁决驳回申请人的仲裁请求。

案例分析

《中华人民共和国劳动合同法》第三十九条是关于用人单位即时解除劳动合同的规定。即时解除又可称为过错性解除，即在劳动者有过错情形时，用人单位有权单方解除劳动合同。劳动合同法对过错性解除的程序无严格的限制，且用人单位无须支付劳动者解除劳动合同的经济补偿金。但在解除的条件上有限制，一般适用于试用期内因劳动者不符合录用条件，或者劳动者有严重违反规章制度、违法的情形。本案被申请人解除与申请人的劳动合同符合该条第（二）项"严重违反用人单位的规章制度的"规定情形。《中华人民共和国劳动合同法》第四十三条规定，用人单位单方解除劳动合同，应当事先将理由通知工会。用人单位违反法律、行政法规规定或者劳动合同约定的，工会有权要求用人单位纠正。用人单位应当研究工会的意见，并将处理结果书面通知工会。该条是关于工会在用人单位解除劳动合同中发挥监督职责的规定，工会是职工自愿结合的工人阶级的维护劳动者合法权益的群众组织，用人单位可以在出现法定情形时单方解除劳动合同，由于解除劳动合同关系意味着劳动关系的结束，对劳动者而言就是失业，将直接影响劳动者的基本生活，在用人单位单方解除劳动合同时，防止用人单位随意解除劳动合同，法律要求用人单位慎重行使解除权，依法保护劳动者合法权益，赋予了工会知情权、监督纠正权等，这样立法的目的就是为了保证最大程度缓解矛盾，减少劳动争议发生，维护劳动者的合法权益。本案申请人于2019年1月10日事假到期后，未到被申请人处办理请假手续。被申请人分别于2019年7月2日、2019年10月24日向申请人送达了《返岗通知》，要求申请人返岗工作或办理相关手续，申请人未按照通知要求返岗工作，也未办理相关手续。之后，被申请人于2019年10月29日以申请人连续旷工超过15天，严重违反了被申请人处规章制度为由发函征求工会意见，解除与申请人之间的劳动关系，经工会同意，被申请人于2019年10月31日作出解除与申请人之间劳动合同的通知书，并通过向申请人家属留置、居住地照相留置、邮寄、报社公告等送达方式向申请人送达了《解除劳动合同通知书》，被申请人解除与申请人之间劳动合同关系的情形符合法律规定。

《中华人民共和国劳动合同法》第五十条规定了用人单位与劳动者解除劳动合同关系后的权利义务。根据庭审查明的事实，被申请人解除劳动合同关系后，向申请人作出并穷尽送达方式送达了《解除功动合同通知书》，符合上述法律规定。其次，自动离职是职工因辞职未准或要求解除合同未被同意，擅自离职或违约出走、未说明原因不辞而别、受优厚待遇诱惑而擅自"跳槽"等强行解除与企业的劳动关系的一种行为。从申请人于2019年10月至2020年8月在成都从事批发花椒的生意事实来看，申请人在被申请人处未办理相关手续，自行从事其他工作，符合自行离职的情形。

综上，被申请人解除与申请人的劳动合同关系情形符合《中华人民共和国劳动法》第三十九条（二）项和第四十三条的规定，向申请人送达《解除劳动合同通知书》的行为符合《中华人民共和国劳动合同法》第五十条的规定。仲裁委驳回申请人的仲裁请求是正确的。

☼ 工作建议

1.加强制度宣贯培训。对直接涉及劳动者切身利益的规章制度和重大事项决定，法律要求用人单位必须公示或者告知劳动者。因此，对有关劳动报酬、工作时间、休息休假、劳动安全卫生、保险福利、职工培训、劳动纪律以及劳动定额管理等直接涉及劳动者切身利益的规章制度或者重大事项，公司应当将该规章制度和决定进行公示。在实践操作中，应通过会议学习等形式进行集体学习，做好签到表，要求参会人员本人签字确认，对当时未参会的人员进行单独告知，做好告知记录并签字确认等，以上书面记载材料妥善保管留存。

2.规范解除程序。《中华人民共和国劳动合同法》第四十三条规定，用人单位单方解除劳动合同，应当事先将理由通知工会。用人单位违反法律、行政法规规定或者劳动合同约定的，工会有权要求用人单位纠正。用人单位应当研究工会的意见，并将处理结果书面通知工会。在解除与员工劳动合同关系时，必须将解除理由事先通知工会，工会要组织研究讨论作出意见，并做好会议记录。在作出解除劳动合同关系的决定后，要将解除结果以书面形式通知工会，留存书面档案。因解除劳动合同产生的纠纷案件中，往往因为《解除劳动合同通知书》的送达程序不完备，造成用人单位一方不能证明具体解除时间或者不能证明向劳动者本人送达了《解除劳动合同通知书》。因此，解除劳动合同的通知要送达至劳动者本人，劳动者本人不能签收的，公司应当穷尽一切送达手段进行送达。首先，需由公司派专人登门送达，如本人不在的，可以由劳动者同住的成年家属代为签收。但因是否确实同住通常难以确定，因此，在该送达手段后还应当向劳动者签订劳动合同时留存的家庭住址进行邮寄送达，并留存邮寄证明，邮寄被退回的，将退回邮件在不拆封的前提下进行档案管理。邮寄送达后，还应当向劳动者留存的家庭住址进行登门送达，并拍摄视频、照片等证据证明登门送达的全部过程。在以上手段都无法送达的情形下，方可采用登报公告送达的方式送达。

强化"以案促管"。企业要认真研习各类劳动纠纷，从真实案件中接受警示，促进劳动用工管理，加强劳动合同管理，依法依规签订、变更、续签、解除、终止劳动合同，开展合同履约情况检查，确保劳动合同签订率、劳动合同电子化100%。降低合同签约逾期的管理风险。规范签订岗位协议，明确岗位名称、岗位类别、工作时间等关键信息，提高劳动合同履约率。深化用工合规管理，加强员工流动规范性，强化关键岗位交流，落实内部人力资源市场制度要求，规范岗位竞聘、组织调配、挂职（岗）锻炼、临时借用、人才帮扶和劳务协作。规范借工管理，严肃借工纪律，严禁违规、变相、超计划借工。

第七篇

电网建设相关纠纷案例

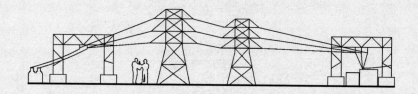

国网某县供电公司诉
甘肃某工程承包有限公司、王某某
返还土地纠纷案

案件总体描述

因不可抗力不能履行合同的，根据不可抗力的影响，部分或者全部免除责任。

关键词

建筑工程/承包/施工合同/排除妨害/不可抗力

相关法条

1.《中华人民共和国民事诉讼法》第一百零七条

人民法院裁定先予执行的，应当符合下列条件：（一）当事人之间权利义务关系明确，不先予执行将严重影响申请人的生活或者生产经营的；（二）被申请人有履行能力。

人民法院可以责令申请人提供担保，申请人不提供担保的，驳回申请。申请人败诉的，应当赔偿被申请人因先予执行遭受的财产损失。

2.《中华人民共和国民事诉讼法》第一百零八条

当事人对保全或者先予执行的裁定不服的，可以申请复议一次。复议期间不停止裁定的执行。

3.《最高人民法院关于适用中华人民共和国民事诉讼法干问题的意见》第一百零六条

民事诉讼法规定的先予执行，人民法院应当在受理案件后终审判决作出前采取。先予执行应当限于当事人诉讼请求的范围，并以当事人的生活、生产经营的急需为限。

4.《中华人民共和国民法典》第五百六十三条

有下列情形之一的，当事人可以解除合同：（一）因不可抗力致使不能实现合同目的。

5.《中华人民共和国民法典》第二百零九条

不动产物权的设立、变更、转让和消灭，经依法登记发生效力；未经登记不发生效力，但法律另有规定的除外。

6.《中华人民共和国民法典》第二百三十五条

无权占有不动产或者动产的，权利人可以请求返还原物。

7.《中华人民共和国民法典》第五百三十五条

因债务人怠于行使其债权或者与该债权有关的从权利，影响债权人的到期债权实现的，债权人可以向人民法院请求以自己名义代位行使债务人对相对人的权利，但是该权利专属于债务人自身的除外。

8.《中华人民共和国民法典》第五百九十条

当事人一方因不可抗力不能履行合同的，根据不可抗力的影响，部分或者全部免除责任，但是法律另有规定的除外。因不可抗力不能履行合同的，应当及时通知对方，以减轻可能给对方造成的损失，并应当在合理期限内提供证明。

当事人迟延履行后发生不可抗力的，不免除其违约责任。

📄 基本案情

原告（反诉被告）：国网某县供电公司

被告：甘肃某工程承包有限公司、王某某（反诉原告）

诉讼请求：（1）请求法院判令王某某、某工程公司立即退出土地；（2）请求法院判令王某某、某工程公司连带支付原告2013年8月1日至2020年6月1日的土地占用损失2 636 088元，并支付直至退出场地、实际返还原告土地之日止期间的继续损失；（3）王某某、某工程公司承担案件所有诉讼费用。

2012年11月1日，原告因建设电力小区办公楼（业务用房）工程施工项目公开招标，被告甘肃某工程承包有限公司（以下简称某工程公司）中标，2013年5月，王某某作为某工程公司劳务施工队进驻现场并搭建临时设施准备施工。2013年7月，中共中央办公厅、国务院办公厅印发中办发〔2013〕17号《关于党政机关停止新建楼堂馆所和清理办公用房的通知》，该通知要求，自通知印发之日起5年内，各级党政机关一律不得以任何形式和理由新建楼堂馆所，国有及国有控股企业参照本通知执行。基于该通知要求事项，双方未签订建设工程施工合同。被告某工程公司以及王某某一直占用涉案土地。3月18日，原告又向被告某工程公司发出限期撤离通知书，要求某工程公司在接到该通知书之日起10日内撤离涉案土地。后被告及王某某未置可否。

立案后，王某某立即提出反诉：（1）请求本诉原告赔偿其各项损失1 369 743.37元；（2）反诉费用由本诉原告承担。

一审法院审理过程中查明：2013年12月6日，被告某工程公司向平安养老甘肃分公司出具《工程延期报告》，载明涉案工程因原告政策原因申请停工，原告在该报告上批注"根据国务院办公厅关于进一步严格控制机关办公楼堂馆所建设问题的通知要求，我公司办公楼暂停缓建"字样并加盖了公章；2018年3月14日，原告与被告某工程公司续签了低压供用电合同；2020年3月11日，原告向被告某工程公司发出《国网某县供电公司关于协商归还我公司土地的函》，载明：某工程公司将在该幅土地上临时搭建的建筑物自行拆除，堆放的建筑材料及机械设备自行清理，某县供电公司将依法收回土地；甘〔2018〕皋兰县不动产产权第0000310号《不动产产权证》载明：涉案土地为原告单独所有，权利类型为国有建设用地使用权；权利性质为划拨。

此案经过皋兰县人民法院一审，判决结果为：（1）某工程公司和王某某返还原告土地；（2）原告赔偿王某某保险费、招标交易费、工人工资等损失共计698 157元；（3）驳回原告和王某某的其他诉讼请求。审理期间，原告经申请先予执行程序，将涉案土地于2020年9月正式收回予以控制。

一审后，原告和王某某均不服，同时上诉至兰州市中级人民法院，2020年5月21日，兰州市中级人民法院驳回双方上诉，维持原判。

案例分析

1.被告某工程公司中标，与原告之间是否形成合同关系

在法律上，招标属于要约邀请，投标属于要约，中标属于承诺，中标通知书发出后，产生承诺的法律效力。承诺生效时合同成立，因此，本案中，原被告之间成立合同关系。只是因为后来政策原因导致双方合同无法履行而已。合同目的客观不能实现，该政策在双方招投标阶段是不可预见的，也是后来不能克服的，属于法律意义上的不可抗力事件。《中华人民共和国民法典》第五百六十三条："有下列情形之一的，当事人可以解除合同：（一）因不可抗力致使不能实现合同目的……"依据此规定，本案双方之间形成的合同关系在2013年7月该政策出现时已具备法定解除条件，但原告没有及时解除，属于怠于行使合同解除权。

2.被告某工程公司以及王某某是否应当退出土地，是否应当承担土地占用期间的损失

《中华人民共和国民法典》第二百零九条："不动产物权的设立、变更、转让和消灭，经依法登记发生效力；未经登记不发生效力，但法律另有规定的除外。"本案中涉案土地已经登记，权属关系明确，其所有权人为原告。《中华人民共和国民法典》第二百三十五条："无权占有不动产或者动产的，权利人可以请求返还原物。"故原告要求王某某和某工程公司返还土地的诉讼请求依法应当予以支持。但是，2013年12月6日，原告仍在被告某工程公司向平安养老甘肃分公司出具的《工程延期报告》上批注"根据国务院办公厅关于进一步严格控制机关办公楼堂馆所建设问题的通知要求，我公司办公楼暂停缓建"字样并加盖公章，并没有向对方明确表示涉案工程停建，并在2018年3月再次和被告某工程公司续签了低压供用

电合同，直至2020年3月才书面通知王某某和某工程公司退出场地，以上行为足以证明原告对王某某和某工程公司在此期间占有涉案土地存在过错。另外，该土地性质是国家划拨用地，禁止变更用途和出租，且王某某作为某工程公司劳务施工队进驻现场系为履行合同而合法占有涉案土地，因此，对原告所称的土地占用损失，王某某和某工程公司依法不应当赔偿。

3.王某某能否提起反诉，其反诉请求是否合法

反诉，是指在一个已经开始的民事诉讼（诉讼法上称为本诉）程序中，本诉的被告以本诉原告为被告，向受诉法院提出的与本诉有牵连的独立的反请求。该权利亦是当事人法律地位平等原则的重要体现，是本诉被告所享有的重要权利，是保障本诉被告人民事权益的一项重要制度。首先，王某某的反诉请求与原告的本诉请求是基于相同法律关系，《最高人民法院关于适用<中华人民共和国民事诉讼法>的解释》第二百三十三条第二款规定，反诉与本诉的诉讼请求基于相同法律关系，诉讼请求之间具有因果关系，或者反诉、本诉的诉讼请求基于相同事实的，人民法院应当合并审理。因此，王某某能提起反诉。其次，从代位权的角度，王某某也有权提起反诉。本案中王某某虽与原告之间不存在合同关系，但与被告某工程公司存在合同关系，其代替某工程公司履行了与原告的部分合同义务。《中华人民共和国民法典》第五百三十五条："因债务人怠于行使其债权或者与该债权有关的从权利，影响债权人的到期债权实现的，债权人可以向人民法院请求以自己名义代位行使债务人对相对人的权利，但是该权利专属于债务人自身的除外。"某工程公司未向原告主张合同解除后损失的赔偿请求权，王某某可代位向原告主张赔偿因解除合同造成的损失。

《中华人民共和国民法典》第五百九十条："当事人一方因不可抗力不能履行合同的，根据不可抗力的影响，部分或者全部免除责任，但是法律另有规定的除外。"因不可抗力不能履行合同的，应当及时通知对方，以减轻可能给对方造成的损失，并应当在合理期限内提供证明。当事人迟延履行后发生不可抗力的，不免除其违约责任。本案因国家政策所引起的不

可抗力事件导致双方合同无法继续履行，但因原告怠于行使合同解除权，导致王某某和某工程公司一直占有涉案场地并为此支付了保险费、招标交易费、工人工资及其他相关费用，故原告应对王某某的损失承担赔偿责任。中共中央办公厅、国务院办公厅印发的《关于党政机关停止新建楼堂馆所和清理办公用房的通知》是公开的国家政策，王某某和某工程公司作为中标人，应当知道涉案合同目的客观不能实现，且在中标通知书中规定的开工时间不能开工时，依法应及时与原告协商进行止损，但其一直被动等待，属于扩大损失，其对自身各项损失存在一定的过错，亦应承担相应的责任。王某某在施工准备阶段支付的保险费、招标交易费、招标文件费、人工工资应当予以认定，其在2020年3月前的驻地留守人员工资也应酌情予以认定。因此，王某某反诉请求部分成立。

4.原告能否提出先予执行程序。

先予执行，是指人民法院在受理案件后，终审判决作出之前，根据一方当事人的申请，裁定对方当事人向申请一方当事人给付一定数额的金钱或其他财物，或者实施或停止某种行为，并立即付诸执行的一种程序。本案中，原告以不先予执行将严重影响申请人的生产经营为由，主动提供担保，是可以提出先予执行程序的。

☼ **工作建议**

1.建设部门要严格执行国网、省公司建设工程管理要求，在未实际签订书面《建设工程施工合同》并做好相关前期准备工作时，严禁工程承包单位施工人员提前进驻场地。

2.提高法律意识，对外出具书面函件时目的要明确，用词要谨慎，必须经过法律专业人员的审核。该案中因为对《关于党政机关停止新建楼堂馆所和清理办公用房的通知》精神理解不透、领会不深，导致向某工程公司出具"暂停缓建"的书面意见，为王某某和某工程公司长期占用土地留下隐患。

3.加强证据意识，在对外协商、谈判时尽量留存合法有效的书面证据。

该案中，国网某县供电公司实际从2016年7月开始就多次找某工程公司和王某某协商土地返还事宜，但均未留存相关书面记录，因此，某工程公司和王某某在庭审过程中否认国网某县供电公司多次要求其退出土地的主张，由于国网某县供电公司无法提供曾要求返还土地的证据，法庭对此说法无法认定。

4.依法维权，及时止损。该案起诉前国网某县供电公司在法律方面做了充分论证研究，最终决定主动起诉是及时止损最有效的方法。

甘肃某电力工程咨询有限公司诉泾川某科技发展有限公司建设工程监理合同纠纷案

案件总体描述

当事人一方不履行合同义务或者履行合同义务不符合约定的，应当承担继续履行、采取补救措施或者赔偿损失等违约责任。

关键词

工程监理/监理合同/违约金/贷款市场报价利率/缺席审判

相关法条

1.《中华人民共和国民法典》第五百七十七条

当事人一方不履行合同义务或者履行合同义务不符合约定的，应当承担继续履行、采取补救措施或者赔偿损失等违约责任。

2.《中华人民共和国民法典》第五百八十五条

当事人可以约定一方违约时应当根据违约情况向对方支付一定数额的违约金，也可以约定因违约产生的损失赔偿额的计算方法。

基本案情

原告：甘肃某电力工程咨询有限公司

被告：泾川某科技发展有限公司

诉讼请求：（1）立即支付拖欠的工程监理费 50 000 元；（2）以 50 000

元为基数，按照年利率4.75%支付自2018年1月1日至2019年8月19日的逾期付款违约金3925元，此后逾期付款违约金以50 000元为基数，按照全国银行间同业拆借中心授权公布的贷款市场报价利率支付至欠款付清之日；（3）承担案件诉讼费用。

被告（委托方）与原告（受托方）于2016年3月1日签订《输变电工程监理合同》，合同约定："鉴于委托方拟委托受托方对泾川县15兆瓦农业光伏并网发电项目35千伏外送线路建设、开关站及相关电器设备建设安装工程（以下简称'工程'）实施监理，且受托方同意接受该委托，根据《中华人民共和国合同法》等有关法律、法规和规章的规定，双方经协商一致，订立本协议"，合同中约定监理期限为："自合同生效之日起，至合同项下全部义务履行完毕止"，监理费用为："签约合同价格为人民币（大写壹拾万元整（100 000.00）（含税）"，合同中还约定："委托方逾期支付合同价款的，应就逾期部分向受托方支付按照中国人民银行规定的同期贷款基准利率计算的逾期付款违约金，但因受托方原因造成的除外"，监理费支付方式为："工程监理合同生效后30天内，委托方支付基本监理费的30%；工程竣工验收通过并提交全部监理资料后（含工程质量评估报告）30天内，委托方支付基本监理费的70%"。合同签订后，原告按照合同约定完成监理工程，该工程2016年12月10日验收合格后投入使用。2016年12月27日，被告通过现金形式向原告支付50 000元监理费，下剩50 000元未支付。

法院在审理过程中查明，2020年9月18日，原告由"诚信电力公司"变更为"甘肃某电力工程咨询有限公司"。

法院认定，被告未按照约定向原告支付监理费用，已构成违约，应承担相应的违约责任，原、被告约定的逾期付款违约金计算方法符合法律规定。故判决被告支付原告监理费50 000.00元及违约金3884.50元（以年利率4.75%计算自2018年1月1日至2019年8月19日，之后违约金按照中国人民银行授权全国银行间同业拆借中心公布的贷款市场报价利率计算至债务清偿完毕），承担案件受理费574元。

🔍 案例分析

建设工程监理合同的全称叫建设工程委托监理合同，也简称为监理合同，是指工程建设单位聘请监理单位代其对工程项目进行管理，明确双方权利、义务的协议。建设单位称委托人、监理单位称受托人。案涉《输变电工程监理合同》内容不违反法律规定，系原、被告双方真实意思表示，具有法律效力，应当受到法律保护。《中华人民共和国民法典》第五百七十七条规定："当事人一方不履行合同义务或者履行合同义务不符合约定的，应当承担继续履行、采取补救措施或者赔偿损失等违约责任。"由此可见，违约责任是指当事人不履行合同义务或者履行合同义务不符合合同约定而依法应当承担的民事责任。违约责任的承担方式包括继续履行、采取补救措施、赔偿损失、支付违约金等形式。本案中，原、被告签订书面《输变电工程监理合同》，被告委托原告对"泾川县15兆瓦农业光伏并网发电项目35千伏外送线路建设、开关站及相关电器设备建设安装工程"实施监理，原告按照约定对该工程实施监理并验收合格投入使用，被告未按照约定向原告支付监理费用，已构成违约，应承担相应的违约责任。《中华人民共和国民法典》第五百八十五条规定："当事人可以约定一方违约时应当根据违约情况向对方支付一定数额的违约金，也可以约定因违约产生的损失赔偿额的计算方法。"原被告合同中约定："委托方逾期支付合同价款的，应就逾期部分向受托方支付按照中国人民银行规定的同期贷款基准利率计算的逾期付款违约金"，该约定符合法律规定，故法院据此判定被告承担逾期付款违约金是正确的。

本案出现了缺席判决的情形，即被告没有出庭应诉，法院仍然依法进行了判决。缺席判决是指即使被告没有出庭应诉或者未经法官许可中途退庭，法院依然会作出判决。当然，虽然有一方当事人缺席，但是法官在判案时依然要秉公执法，认真审核当事人提交的文书和证据，并使缺席一方当事人的利益得到应有的保护。我国法律规定，人民法院对必须到庭的被告，经两次传票传唤，无正当理由拒不到庭的，可以拘传。被告经传票传唤，无正当理由拒不到庭的，或者未经法庭许可中途退庭的，可以缺席判决。原告经传票传唤，无正当理由拒不到庭的，或者未经法庭许可中途退庭的，可以按撤诉处理；被告反诉的，可以缺席判决。在这种情况下，人民法院只能对反诉作出判决，而不得将反诉与本诉一并作出缺席判决。因为本诉部分，法院应当按撤诉处理，但由于被告提出反诉后，本诉原告成为反诉的被告，因此，法院可以针对反诉被告不到庭的行为依法缺席判决。无民事行为能力的当事人的法定代理人，经传票传唤无正当理由拒不到庭的，如属原告方，可以按撤诉处理；如属被告方，可以缺席判决。

☼ 工作建议

1.重视书面合同的签订。打官司就是打证据，书面合同就是最重要的证据。签订书面合同时要注意核实确认对方当事人的主体资格、订约人是否经其所在公司授权委托，查验其授权委托书，合同双方除加盖公章、私章外，要亲笔签名等基本事项，更要注意细节，如本案中逾期付款违约金的计算方法，服务报酬的支付期限等。

2.敢于亮剑，善于诉讼。当前，打官司并不是一件丢人的事，更多的人将其作为一种解决纠纷的方式。诉讼解决纠纷，在证据确凿的情况下，好处主要是可以充分全面保护自己的合法权益，比较公正，处理的结果生效后具有终局的法律效力，具有执行力。坏处是程序比较繁杂，周期较长，需要耗费一定的精力和财力，也有可能使双方的关系恶化。一般来讲，对于已经破裂的合作关系，其债权债务经协商沟通解决已经没有希望，主动诉讼是解决问题比较直接的手段。

国网某市供电公司诉兰州某电力工程有限公司建设工程施工合同纠纷案

案件总体描述

工程是否实际竣工验收并不以《工程竣工报告》的签订为最终依据。

关键词

建筑工程/竣工验收报告/违约金

相关法条

1.《中华人民共和国民事诉讼法》第六十七条第一款

当事人对自己提出的主张，有责任提供证据。

2.《最高人民法院关于适用<中华人民共和国民事诉讼法>的解释》第九十条

当事人对自己提出的诉讼请求所依据的事实或者反驳对方诉讼请求所依据的事实，应当提供证据加以证明，但法律另有规定的除外。在作出判决前，当事人未能提供证据或者证据不足以证明其事实主张的，由负有举证证明责任的当事人承担不利后果。

3.《最高人民法院关于适用<中华人民共和国民事诉讼法>的解释》第九十一条

人民法院应当依照下列原则确定举证证明责任的承担，但是法律另有规定的除外：（一）主张法律关系存在的当事人，应当对产生该法律关系的基本事实承担举证证明责任；（二）主张法律关系变更、消灭或者权利受到妨害的当事人，应当对该法律关系变更、消灭或者权利受到妨害的基本事实承担举证证明责任。

4.原《最高人民法院关于民事诉讼证据的若干规定》第二条

当事人对自己提出的诉讼请求所依据的事实或者反驳对方诉讼请求所依据的事实有责任提供证据加以证明。没有证据或者证据不足以证明当事人的事实主张的，由负有举证责任的当事人承担不利后果。

5.原《最高人民法院关于民事诉讼证据的若干规定》第七十三条

双方当事人对同一事实分别举出相反的证据，但都没有足够的依据否定对方证据的，人民法院应当结合案件情况，判断一方提供证据的证明力是否明显大于另一方提供证据的证明力，并对证明力较大的证据予以确认。因证据的证明力无法判断导致争议事实难以认定的，人民法院应当依据举证责任分配的规则作出判断。

6.原《最高人民法院关于民事诉讼证据的若干规定》第七十七条

人民法院就数个证据对同一事实的证明力，可以依照下列原则认定：（四）直接证据的证明力一般大于间接证据。

📄 基本案情

原告（反诉被告）：国网某市供电公司

被告（反诉原告）：兰州某电力工程有限公司

2018年10月18日，被告中标原告的甘肃陇南武都区两水至角弓35千伏线路改造工程建设。双方于2018年11月11日签订《SGTYIIT/17GG018输变电工程施工合同》，合同签约价款为2 281 192元，工程计划开工日期为2018年11月，竣工日期为2019年5月，计划工期总日历天数为212天，同时合同对违约责任及合同解除事由进行了约定。合同附件2第21项规定了《输变电工程施工合同》所附的规章制度清单包含《国家电网公司输变电工程设计变更与现场签证管理办法》。该办法第十一条明确规定，业主项目部负责现场签证的预审查，主要有审核、催办及上报等流转管理；第十八条规定现场签证应当由监理单位、设计单位、业主项目部、建设管理单位或项目法人单位依次签署确认。第二十五条规定现场签证未按规定履行审批手续，其增加的费用不得纳入工程结算。工程开始后，2019年1月15日，因天气寒冷被告向原告提出停工申请，原告同意停工，2019年3月6日，工程开始复工。2019年4月26日，因青苗赔偿问题与村民协商未果，工程暂停施工，后于2019年11月27日开始复工。2019年1月14日因临近春节天气寒冷，为保障人员安全和施工质量，且施工部分需要重新进行设计变更，地勘报告还需要进一步论证，被告申请停工。2019年4月26日，被告向原告发出工程暂停令，2020年3月10日，被告致电原告要求对2019年12月下旬实际增加的施工费用予以确认。2020年3月18日，原告向被告发出关于陇南武都两水-角弓35千伏线路改造工程结算工作的函。双方与设计单位及监理单位共同出具未记载验收日期和实际投产日期的《竣工验收报告》。被告向原告分四次开具的工程款金额共计2 271 237.71元的发票。截止2020年6月20日，原告向被告分五次支付工程款1 939 012.8元。2020年3月11日，监理单位通知被告复工，被告未回复，也未组织施工。因案涉工程尚未完工，双方于2020年3月18日进行谈判，后原告向被告发出律师函进行催告。之后原告与案外人陇南江南华源电力有限公司就未完工的工程签订《输变电工施工合同》，并于2020年4月28日交其进行施工，2020年5月11日施工完成。案外人陇南江南华源电力有限公司完工后，原告委托中竞发工程管理咨询有限公司于2020年5月15日出具《工程结算书》，审核确认被告已完工程价款为1 169 175元，陇南江南华源电力有限公司结算价款为771 339元。现原告诉至法院请求解除合同，并由被告返还超额支付的工程款及工程延误与合同解除的违约金。被告称自2019年12月25日至2020年1月17日，为了加快工期，自己进行冬季抢工施工，由此增加的冬季施工防护费、施工人员工资、马帮运输材料费、机械费等施工措施费用共计110 304元，之后又由于青苗赔偿问题无法与村民达成协议，受村民阻挠，施工人员长期滞留现场无法正常施工，由于停工给自己造成的人工费、生产生活设施租赁费等窝工损失共计400 074元，对原告提起反诉，请求原告支付上述费用。

经审理，法院认定案涉工程尚未完工，被告违约，被告应返还原告未完成工程的价款。故判决解除原被告在2018年11月1日所签订的《输变电工程施工合同》，并由被告返还原告工程款769 837.8元及合同解除违约金228 119.8元。对原告其他诉讼请求以及被告反诉请求均予以驳回。本诉和反诉案件受理费均由被告承担。

🔎 案例分析

本案的争议焦点为：（1）案涉工程是否竣工，被告是否完成案涉工程全部施工任务；（2）谁是违约方；（3）违约金如何承担。

1.案涉工程是否竣工，被告是否完成案涉工程全部施工任务

被告主张该工程已经竣工，证据为原告已出具《工程竣工报告》。事实上，《国网某市供电公司会议纪要（纪要〔2019〕208号）》《甘肃陇南武都区两–角线35千伏线路改造工程结算书》《关于甘肃陇南武都两水–角弓35千伏线路改造工程结算工作的函》及《2020年3月18日现场谈判录音》能够充分证明案涉工程为2018年农网改造工程，但没有在2018年年底完成竣工投产，在2020年3月18日双方谈判时仍未完工。《工程竣工报告》只是双方为保证案涉工程在2019年度完成上级部门下达的农网改造工程年度建设投产以及验收任务，为加快工程结算进度在案涉工程尚未竣工的情况下提前编制了未记载验收日期、实际投产日期的竣工验收报告的准备资料，并非案涉工程客观真实情况的反映，并不能证实被告按照双方《输变电工程施工合同》的约定完成案涉工程的全部施工任务。

2.谁是违约方

要搞清楚谁是违约方，需要确定谁是青苗赔偿责任主体。《输变电施工合同》约定承担青苗赔偿责任的主体是被告。《工程签证单》及《工程联系单》的内容仅记载因青苗赔偿致使工期延误，施工单位存在误工费用，但该签证并没有对《输变电施工合同》约定承担青苗赔偿责任的主体作出变更，所以被告仍为青苗赔偿的责任主体。自然，在履行合同约定的

青苗赔偿义务过程中与村民协商未果，造成工程未能按期完成，造成工期延误，这是正常的合同风险，被告未完成合同约定，被告是违约方，由此造成的损失，应当由被告承担违约责任。2019年12月25日至2020年1月17日赶工施工的原因系被告延误工期，未在约定期限内完成合同约定的施工义务为加快进度施工所致，因此该笔费用仍应当由被告自行承担。

3.违约金如何承担

关于合同的解除问题及违约金的承担，合同专用条款22.1.2对承包人违约的处理进行约定：承包人发生第22.1.1（4）约定的违约情况时，每延误一日，承包人应向发包人支付合同价0.2%的违约金；延误超过60日的，发包人有权解除合同，承包人应向发包人支付签约合同价10%的违约金。本案中，双方约定的签约价款为2 281 192元，被告延误超过60日，原告有权解除合同，并要求被告支付签约价款10%的违约金，即支付违约金228 119.2元（2 281 192×10%）。因该条款中的后款合同解除的约定与前款关于延期违约金的约定存在包含与被包含的关系，故对原告请求支付工期延误违约金的诉讼请求法院不予支持。

因被告已完工程价款为1 169 175元，但原告已经向被告支付193 902.8元，故对超出部分769 837.8元（1 939 012.8-1 169 175）被告应当予以返还。

☼ **工作建议**

近年来建筑市场管理混乱，工程承包方在利益驱动下，利用工程发包方、建设方管理漏洞，故意拖延工期，甚至借助农民工给工程发包方、建设方故意制造难题等现象层出不穷，本案的典型意义在于原告作为发包方运用法律武器，有力地打击了被告即工程承包方恶意施工行为，维护了企业利益。本案原告之所以能够达到诉讼目的，无外乎做到了以下几点：

1.高度重视，积极推进问题解决。从诉讼中可以看出，原告对案涉工程出现的问题很重视，及时组织施工、监理等各主体单位约谈并做好书面会议纪要，送达相关工程结算资料以及加快完成剩余工程施工任务的书面通知，督促施工监理单位复工。

2.依法合规，证据意识较强。原告在感到案涉工程出现问题时，提早聘请专业律师介入，指导搜集解决问题的证据。在与对方无法取得有效联系和沟通的被动情况下，委托代理律师向施工单位发送《律师函》，采取现场公证的方式固化证据，邀请当地公证处，对施工单位已经完成的工程量、遗留的工程现场及遗留在料场的塔材和电缆等工程物资现状与实况进行了公证。公证现场还邀请工程所在地乡政府、司法所、派出所等相关行政机构，共同见证回收了工程物资材料，并在材料回收会议纪要上签字盖章。

3.适时起诉，主动维权。从证据材料来看，原告明显起诉准备工作较为充分。被告虽然提起反诉，但在原告充分的证据面前，其主张自然没有事实依据。

酒泉某实业有限公司诉
国网某市供电公司排除妨害纠纷案

✎ 案件总体描述

请求停止侵害、排除妨碍、消除危险的请求权不适用诉讼时效的规定。

🔑 关键词

排除妨害/消除危险/诉讼时效

⚖ 相关法条

1.《最高人民法院关于适用<中华人民共和国民事诉讼法>的解释》第一百二十一条

当事人申请鉴定，可以在举证期限届满前提出。申请鉴定的事项与待证事实无关联，或者对证明待证事实无意义的，人民法院不予准许。

2.《最高人民法院关于适用<中华人民共和国民事诉讼法>的解释》第九十条

当事人对自己提出的诉讼请求所依据的事实或者反驳对方诉讼请求所依据的事实，应当提供证据加以证明，但法律另有规定的除外。在作出判决前，当事人未提供证据或者证据不足以证明其事实主张的，由负有举证证明责任的当事人承担不利的后果。

3.《最高人民法院关于适用<中华人民共和国民法典>时间效力的若干规定》第一条第二款

民法典施行前的法律事实引起的民事纠纷案件，适用当时的法律、司法解释的规定，但是法律、司法解释另有规定的除外。

4.《中华人民共和国民法典》第九章第一百九十六条

下列请求权不适用诉讼时效的规定：（一）请求停止侵害、排除妨碍、消除危险；（二）不动产物权和登记的动产物权的权利人请求返还财产；（三）请求支付抚养费、赡养费或者扶养费；（四）依法不适用诉讼时效的其他请求权。

📄 基本案情

原告（反诉被告）：酒泉某实业有限公司

被告（反诉原告）：国网某市供电公司

反诉请求：按照协议书约定在线路改造过程中履行配合义务，将院内藏獒进行管控，并为院内进行线路巡视、检修消缺提供便利条件。

2002年8月至2003年7月，原告以出让方式取得3块国有土地使用权并办理了3份国有土地使用权证书，取名太和山庄，对以上土地进行开发。原告取得上述土地使用权前，经过上述土地架设有东西走向嘉果线、东西走向酒果线和南北走向嘉酒一回线3条输电线路。2006年，武嘉电气化铁路110千伏输变电线路工程酒泉段施工受阻，同年8月26日，甘肃省重大项目建设协调领导小组办公室在酒泉市组织召开武嘉电气化铁路酒泉段输变电线路工程建设有关问题协调会议，并于8月31日形成《武嘉电气化铁路酒泉段输变电线路工程建设有关问题协调会议纪要》（以下简称协调会议纪要）其中：第2条载明，通过原告地界的110千伏果-清牵输变电线路先按照原设计线路，经过太和山庄地界架设过渡线路，线路必须于9月5日前架设完毕并通电，确保武嘉电气化铁路清水牵引变通电。第3条载明，由甘肃省电力公司、被告负责，在今年12月31日前把经过太和山庄地界区域范围内的电线杆及线路进行改线，新线沿太和山庄地界北界限以内，以不发生新的征地费用为前提，最大限度地靠北重新进行线路设计，经当地规划、国土部门审批后，全面完成改线。新线建成后拆除过渡线路。第4条载明，在太和山庄地界范围内砍伐树木、占用土地等可能发生的费用及造成的损失，由原告承担。第5条载明，被告和原告双方要签订具体协议，进一步明确具体操作细节问题。2006年8月28日，原告与被告签订协议书1份，载明：为保证国家重点建设工程武嘉电铁110千伏果清输变电工程线路正常施工和保证在最后期限内供电，根据2006年8月26日甘肃省政府和酒泉市政府主持的由兰州铁路局、被告、原告及相关施工单位参加的协调会会议精神，经双方协商，就110千伏果清线施工、输电线走廊等事项达成如下协议：（1）为确保武嘉电铁110千伏果清输变电线路尽快投入使用，原告暂时同意被告临时将位于太和源院内原有的线路恢复至使用状态，并在院内向前延伸经14号杆与院外16号铁塔线路连接。（2）被告在大和源院内的输电线路恢复使用后，暂为武嘉电铁110千伏果清线临时输电线路，属临时线路和设施；被告须在2006年12月30日前在原告地界内另辟路径架设改造新线路。被告另辟的线路施工设计方案，线路走廊应尽可能于太和源山庄北侧地缘以内，但以线路施工、电力设施分布均在原告权属易地地界内，不发生与外界相邻之纷争为前提。（3）被告若在约定的时间未对线路改造完毕或未及时拆除临时线路及设施，原告有权拆除、处置此临时输电线路及设施。（4）被告将原有线路拆除后的空地无偿交付原告用作建设用地，原告无偿为被告提供线路改造用地及线路走廊。（5）为最大限度保持原告院内景观，原告保留线路改造后已种植线路下方的树木，但原告必须对树木进行定期修剪。（6）原告应积极配合被告进行线路施工，并负责今后对太和山庄院内所有输电线路下方的树木进行砍伐和修剪，以确保电力线路安全运行。（7）被告线路施工及维护人员进入太和山庄时，应当说明事由，并遵守原告的管理规定。（8）此协议拟定的临时线路及设施，待新线路架设改造施工完工后，被告在2006年12月30日内予以拆除。协议书签订之后，经过原告太和山庄内的武嘉电铁110千伏果清线临时输电线路于2006年10月建成投入使用，因该线路至今未拆除引发纠纷。原告要求被告排除妨害，拆除跨越其公司院内的2条110千伏临时输电线路，并赔偿土地收益6350万元的经济损失。

原告起诉后，被告随后提起反诉，请求本诉原告按照协议书约定在线路改造过程中履行配合义务，将院内藏獒进行管控，并为院内进行线路巡视、检修消缺提供便利条件。

此案经过一审、发回重审、一审重审和二审终审程序，历时2年时间，法院最终判决不支持原告巨额赔偿和迁改全部过境线路的诉求。

法院在审理过程中查明：2007年5月18日，被告与嘉峪关市兴达建筑安装工程有限责任公司签订建设施工发承包合同1份，约定原告将110千伏果清牵行线路太和山庄段改线工程发包给嘉峪关市兴达建筑安装工程有限责任公司施工。原告、被告认可改线工程在完成13号、14号输电铁塔及12号输电铁塔基础后停工至今。2019年1月21日，嘉峪关市兴达建筑安装工程有限责任公司名称变更为酒泉市兴达建筑安装工程有限责任公司。诉讼过程中，被告提交酒泉市兴达建筑安装工程有限责任公司出具的关于武嘉电铁110千伏果清牵线路太和山庄改线工程未完工的说明1份，载明："酒泉市兴达建筑安装工程有限责任公司，即原嘉峪关市兴达建筑安装工程有限责任公司，2007年4月，嘉峪关市兴达建筑安装工程有限责任公司负责武嘉电铁110千伏果清牵线路太和山庄段改线工程，施工过程中不存在拖欠工程款的问题；工程于2007年5月已完成铁塔基础浇筑，在太和实业院内完成两级铁塔（G13档，塔高27.5米；G14档，塔高30.5米）及一级A型杆搭建，A型耐张杆已运进太和实业排焊完毕，因公司继续施工需要完成甘肃省设计院设计路径内种植的树木砍伐及修剪工作，太和实业负责人李毅平坚决不同意砍伐及修剪树木，且太和实业山庄周围存在围墙，院内养殖藏獒，我公司工作人员无法进入完成施工，2007年4月至2007年12月30日期间，我公司负责人及施工人多次到太和实业协调完成改线工程，但太和实业负责人态度强硬，拒绝沟通，极力阻扰公司施工人员正常工作，导致工程无法按期完成，给我公司造成重大损失。在2007年12月30日后，太和公司至今未要求过我公司进行改线。"

一审重审时法院认为，根据协调会议纪要和双方2006年8月28日签订的协议书内容，临时输电线路仅为果清线，并未涉及酒果线，原告没有相应的证据证明酒果线属于双方约定拆除的范围，要求被告拆除太和山庄内酒果线的主张不予支持；对原告要求拆除太和山庄内武嘉电铁110千伏果清线临时输电线路并按约定进行改线的诉讼请求予以支持；改线工程于2006—2007年开工，已完成13号、14号输电铁塔及12号输电铁塔基础施工，截止原告提起诉讼，已经停工近13年时间，原告无证据证实曾要求被告继续施工，被告与嘉峪关市兴达建筑安装工程有限责任公司签订的《建设施工承包合同》、酒泉市兴达建筑安装工程有限责任公司《关于武嘉电铁110千伏果清牵线路太和山庄改线工程未完工的说明》及证人证言，可以证明不是因被告的原因导致改线工程停工。原告仅提交了建设用地规划许可证，不足以证明其已取得开发太和山庄的全部审批手续，不能认定应由被告赔偿其土地未开发产生的损失。原告要求被告承担未按期拆除线路造成损失的诉讼请求没有事实和法律依据，不予支持；根据协调会议纪要及双方当事人签订的协议书，线路改造过程中原告负有配合义务，并且原告当庭表示同意履行配合义务，故对被告要求原告按照协议书约定履行配合义务的反诉请求予以支持；被告要求原告将院内藏獒管控的反诉请求，因重新施工时原告院内是否饲养藏獒尚不确定，故对该项反诉请求不予支持；被告要求原告为院内进行线路巡视、检修消缺提供便利条件的反诉请求，因本案本诉为要求拆除临时线路、新建输电线路，该项反诉请求不属于《最高人民法院关于适用<中华人民共和国民事诉讼法>的解释》第二百三十三条第二款规定的应当合并审理的情形，本案中不予审查。综上所述，依照《中华人民共和国合同法》第四十四条、第六十七条，《中华人民共和国侵权责任法》第六条，《最高人民法院关于适用<中华人民共和国民事诉讼法>的解释》第九十条规定，判决如下：一、被告在本判决生效后6个月内完成原告太和山庄地界内武嘉电铁110千伏输电线路改造新线路工程，并拆除原告太和山庄地界内武嘉电铁110千伏果清线临时输电线路及设施；二、原告应按照与被告双方签订的协议书内容履行配合义务；

三、驳回原告的其他诉讼请求；四、驳回本诉被告的其他反诉请求。

重审判决宣判后，因未支持拆除酒果线和土地收益损失，原告不服上诉至甘肃省高级人民法院。甘肃省高级人民法院以〔2021〕甘民终749号《民事判决书》驳回上诉，维持原判。

🔍 案例分析

1.本案法律适用问题。《中华人民共和国民法典》自2021年1月1日起实施，《最高人民法院关于适用<中华人民共和国民法典>时间效力的若干规定》第一条第二款规定，民法典施行前的法律事实引起的民事纠纷案件，适用当时的法律、司法解释的规定，但是法律、司法解释另有规定的除外。由于本案系民法典施行前的法律事实所引起的民事纠纷，故应依据民法典施行前、民事行为发生时的法律、司法解释对本案进行裁判。

2.本案案由如何确定。因武嘉电气化铁路工程建设，原被告于2006年8月28日签订协议书1份，约定被告临时将位于原告太和山庄院内原有线路恢复至使用状态，并在院内向前延伸经14号杆与院外16号杆连接形成武嘉电铁110千伏果清线临时输电线路，待新线路架设改造施工完毕后由被告在2006年12月30日内予以拆除。根据审理查明的事实，武嘉电铁110千伏果清线临时输电线路建成投入使用后，新建线路工程完成部分工程项目后停工，被告至今未将临时输电线路拆除，依照《中华人民共和国合同法》第一百二十二条"因当事人一方的违约行为，侵害对方人身、财产权益的，受损害方有权选择依照本法要求其承担违约责任或者依照其他法律要求其承担侵权责任"的规定，原告有权选择主张违约责任或者侵权责任，因原告提起侵权诉讼，系其对自己权利的自由处分，不违反法律规定，根据原告的诉讼请求及理由，本案案由应确定为侵权责任纠纷。

3.本案是否超过诉讼时效期间。依照《中华人民共和国民法总则》第一百九十六条规定，请求停止侵害、排除妨碍、消除危险的请求权不适用诉讼时效的规定。因此，本案不超过诉讼时效期间。

4.法院不支持拆除太和山庄内的酒果线是否适当。适当。首先，根据协调会会议纪要和双方2006年8月28日签订的协议书内容，临时输电线路仅为果清线，并未涉及酒果线，原告没有相应的证据证明酒果线属于双方约定拆除的范围。其次，本案为侵权之诉，根据已查明的事实，本案中酒果线系原告取得案涉土地之前即已经存在，原告在取得土地后应该保障被告的在先权利。协调会会议纪要的签订背景是为了武嘉电气化铁路酒泉段输变电线路工程建设问题，而武嘉电气化铁路酒泉段输变电线路工程主要涉及110千伏果清线施工及过渡线路问题，并不涉及酒果线及其他输电线路，原告不能对协调会会议纪要条文作扩大解释。而双方签订的协议书更是明确仅就110千伏果清线施工、输电线路走廊等事项进行协商并达成协议。因此，依照《最高人民法院关于适用<中华人民共和国民事诉讼法>的解释》第九十条"当事人对自己提出的诉讼请求所依据的事实或者反驳对方诉讼请求所依据的事实，应当提供证据加以证明，但法律另有规定的除外。在作出判决前，当事人未提供证据或者证据不足以证明其事实主张的，由负有举证证明责任的当事人承担不利的后果"的规定，原告要求被告拆除太和山庄内酒果线的主张不予支持是正确的。

5. 法院不支持原告土地收益损失的赔偿请求是否适当。适当。首先，原告虽上诉称其主张的是因被告不按约定改线导致土地价值贬损而造成土地收益减少的损失，但土地是由原告占有并使用，如何开发利用由原告决定，其并不能证明土地收益减少与被告有因果关系。土地的价值一定程度上取决于对土地的利用，本次诉讼中，原告仅提交了建设用地规划许可证，在二审庭审中亦认可其并未取得建设工程施工许可证和项目批复，并未取得开发太和山庄的全部审批手续，因此原告不能证明被告给其造成了损失。其次，改线工程曾经于2006年开工，并已完成13号、14号输电铁塔及12号输电铁塔基础施工，后工程停工。关于停工原因，双方各执一词，被告提交了其与酒泉市兴达建筑安装工程有限责任公司签订的《建设施工承包合同》、酒泉市兴达建筑安装工程有限责任公司《关于武嘉电铁110千伏果清线太和山庄改线工程未完工的说明》及证人证言等证据，欲证明是原告阻挠施工导致改线工程停工，原告虽认为上述说明及证人证言因施工单位及证人均与被告有利害关系而不应采信，但停工至一审起诉长达近13年的时间，如果原告对土地开发建设存在迫切需求，必然会要求被告继续施工，但其并未提供相关证据，故对原告认为停工责任在于被告的主张不予采纳。再次，原告如认为确因被告未及时按照约定拆除输电线路导致土地收益受损，其应及时主张权利，而不应怠于行使权利，在停工十几年后才提起诉讼。综上，原告要求被告承担未按期拆除线路造成土地收益损失的请求没有事实和法律依据，应当不予支持。

☼ 工作建议

规范管理，加强证据意识。切实提高依法合规经营意识，在处理涉及社会公共利益线路改迁项目过程中，充分做好协调、沟通工作，并规范签订书面协议，如果遇到施工受阻必须要进行相关证据留存，考虑为后续解决纠纷留下证据材料。

国网某超高压公司诉
张某某排除妨害纠纷案

📝 案件总体描述

妨害物权或者可能妨害物权的，权利人可以请求排除妨害或者消除危险。

🔑 关键词

排除妨害/消除危险

⚖ 相关法条

1.《中华人民共和国民法典》第一千一百六十五条

行为人因过错侵害他人民事权益造成损害的，应当承担侵权责任。

2.《中华人民共和国民法典》第一百七十九条

承担民事责任的方式主要有：停止侵害；排除妨碍；消除危险；返还财产；恢复原状；修理、重作、更换；继续履行；赔偿损失；支付违约金；消除影响、恢复名誉；赔礼道歉。法律规定惩罚性赔偿的，依照其规定。本条规定的承担民事责任的方式，可以单独适用，也可以合并适用。

3.《中华人民共和国民法典》第二百三十六条

妨害物权或者可能妨害物权的，权利人可以请求排除妨害或者消除危险。

4.《中华人民共和国电力法》第五十三条

任何单位和个人不得在依法划定的电力设施保护区内修建可能危及电力设施安全的建筑物、构筑物，不得种植可能危及电力设施安全的植物，不得堆放可能危及电力设施安全的物品。在依法划定电力设施保护区前已经种植的植物妨碍电力设施安全的，应当修剪或者砍伐。

基本案情

原告：国网超高压公司

被告：张某某

诉讼请求：请求法院判令被告立即将案涉高压线下种植的杨树移除或砍伐，排除对案涉高压线路安全运行的妨害。

被告张某某于1981年在兰州市红古区平安镇中和村修建宅基地一处。1985年原告架设了330千伏海炳线高压输变电线路，并于1987年4月投运。该线路与被告张某某宅院相邻。1992年至2014年，案涉线路因为树患多次跳闸，为保证案涉高压线路安全运行，原告因砍伐被告树木先后4次向被告支付赔偿费用。2015年春，被告以解决其宅院的搬迁问题为由再次在原告案涉高压线路下方种植杨树。

法院在审理过程中查明，案涉高压线路对地安全距离为6米，线路保护区为导线边缘向外侧延伸15米的范围。法院认为，原告作为案涉高压电力线路的所有者，有权按法律规定维护其正常运行。被告张某某在原告所属案涉高压线下种植杨树，严重影响原告所属线路安全运行。故原告要求被告排除对其高压输电线路正常安全使用的妨害，立即将种植在案涉高压线下杨树砍伐或移除的诉请合法有据，予以支持。遂判决被告张某某排除妨害。

2016年10月25日，张某某又以排除妨害为由，将原告诉至同一法院，要求原告排除案涉高压线电磁噪音等对自己的损害，并要求原告赔偿精神损害抚慰金等各项人身损害共计15万元。经审理，法院判决驳回张某某诉讼请求。

🔍 案例分析

妨害物权或者可能妨害物权的，权利人可以请求排除妨害或者消除危险。妨害是指以非法的、不正当的行为，或者以无权施加的设施对权利人的物或物权造成侵害或妨碍，现实地阻碍了特定物的权利人行使权利。排除妨害请求的目的是消除对物权的障碍或侵害，使物权恢复圆满状态。危险是指相对人对己之物将来必然造成妨害或损害的行为或者状态。危险是可以合理预见而不是主观臆测的。遭受的危险或正被妨害特定的物依然存在，是权利人对现时妨害人行使请求权的前提。就是说，这种妨害或危险应当是持续存在的。在审判实践中，权利人请求消除危险或排除妨害，不需要证明相对人具有过错，只需要证明其享有物权的特定的物被他人妨害或遭受危险即可。因排除妨害和消除危险的费用由形成危险或妨害的相对人承担。排除妨害或请求消除危险不受民事诉讼时效的限制。

1.张某某在案涉高压线路下种植树木是否构成侵权

根据《中华人民共和国侵权责任法》第六条"行为人因过错侵害他人民事权益，应当承担侵权责任"的规定，本案中，自1992年起，张某某在原告案涉高压线路下种植的树木，导致该线路多次发生跳闸事故，不仅给原告案涉高压线路的安全运行造成了严重危害，更有可能造成人员伤亡。因此，张某某已经侵害了原告的合法权益，构成侵权。高压线路下禁止种植高杆植物，张某某种植杨树的行为，必将对案涉线路安全运行带来危险，因此，法院判决其移除或砍伐案涉线路下方种植的树木，排除对案涉线路的妨害是正确的。

2.原告对张某某是否具有财产损害赔偿义务

张某某以原告高压线路电磁辐射对其一家有侵害，要求原告搬迁高压线路，或负责搬迁自己宅院等要求没有事实和法律依据。每一条高压线路在建设之初，项目立项、线路路径等均经过政府相关部门审批，通过国家的环评检测、投运验收等环节，案涉线路符合国家安全运行标准，不存在超标的电磁损害和污染，自然也就不存在张某某主张的侵害事实。因此，张某某提出的排除所建高压线路对其一家的侵害，搬迁其居住地或搬迁电塔，以及对其全家人身伤害及精神损失的主张不应得到支持。

3.张某某被砍伐的杨树是否应当赔偿

《中华人民共和国电力法》第五十三条规定："任何单位和个人不得在依法划定的电力设施保护区内修建可能危及电力设施安全的建筑物、构筑物，不得种植可能危及电力设施安全的植物，不得堆放可能危及电力设施安全的物品。在依法划定电力设施保护区前已经种植的植物妨碍电力设施安全的，应当修剪或者砍伐。"另外，法院已经就该问题判决张某某移除或砍伐，排除妨碍，故对张某某被砍伐的杨树不应进行赔偿。

☼ 工作建议

1.加强日常管理。一是日常巡视要按时、到位、细致且有记录，发现问题要及时处理，做好电力设施基础资料的管理，保证基础数据和资料全面、准确。二是对触电事故易发区域、易发时段增强巡检力度，对电力设施保护区内在线路下方违章建房、施工、种植等作业行为进行重点排查，及时发现和阻止违法施工行为及其他危及线路安全运行的情况。

2.及时督促当事人整改。一是对发现线下正在建房、施工或种植的隐患，向涉事单位或人员说明在电力线路下建房或种植的危害性和危险性，及时下达隐患整改通知书，要求其立即停止违法行为并进行整改。通知书中应写明行为人的具体违法行为，所依据的法律法规条款以及供电公司已经尽到了告知义务，造成损害后果由其自行承担。二是对线下已完工的房屋或已长成的树木，应注意检查电线与屋顶、树木间的垂直、水平距离是否符合国家和行业标准要求，形成测量报告，由当事人签字。如发现距离已达不到标准要求，应及时向涉事单位或人员下达隐患整改通知书，要求其自行解决。对拒不执行的，经向当地电力行政管理部门汇报后，按照有关规定进行修剪、移栽或砍伐。

3.及时进行现场勘查和证据采集。从法律诉讼的角度出发，搜集对自己有利的证据，一是《协议书》，证明跨越房屋架设电力设备已与有关单位达成协议，其架设电力线路跨越房屋的行为得到房屋所有权人的同意，所架设的电力线路与案涉房屋之间的跨越距离符合《电力设施保护条例》有关电力线路保护区范围的规定，能够保障安全使用房屋；二是《检测报告》，拟证明工频电场、工频磁场符合标准，未对房屋周边环境造成电磁波辐射污染，不影响案涉房屋的使用价值和居住功能；三是对涉案电力设施《巡查、维护记录》；四是现场照片，证明当事人存在线下私自建房、施工、种植等违法行为；五是涉案隐患整改证据，如对方当事人签章的安全隐患整改通知（告知）书、安全告知书、录像；六是企业消除隐患的证据，如向相关部门报备、要求排除妨害等文书。

4.积极推动联合执法。协同政府部门开展三线搭挂整治、线下违章建筑清理、查处违法种植、违法用电等专项活动，一旦发现违反电力法律法规妨碍供用电安全的行为，及时下发安全隐患整改通知书，并申请电力管理部门责令侵权人停止作业、消除危险或对其进行行政处罚，情况紧急时可诉至法院要求排除妨碍并申请先予执行排除触电隐患。

国网某市供电公司诉贺某某、司某某、某某村村委会排除妨害纠纷案

案件总体描述

两部法律规定不同，适用特别法优于一般法原则。

关键词

排除妨害/承包地/特别法/一般法/法律适用

相关法条

1.《中华人民共和国电力法》第五十三条

电力管理部门应当按照国务院有关电力设施保护的规定，对电力设施保护区设立标志。

任何单位和个人不得在依法划定的电力设施保护区内修建可能危及电力设施安全的建筑物、构筑物，不得种植可能危及电力设施安全的植物，不得堆放可能危及电力设施安全的物品。

在依法划定电力设施保护区前已经种植的植物妨碍电力设施安全的，应当修剪或者砍伐。

2.《电力设施保护条例》第十五条第四款

任何单位或个人在架空电力线路保护区内，必须遵守下列规定：（四）不得种植可能危及电力设施安全的植物。

3.《电力设施保护条例实施细则》第十六条第四款

（四）架空电力线路导线在最大弧垂或最大风偏后与树木之间的安全距离为：电压等级、最大风偏距离、最大垂直距离：35-110千伏为3.5米、4.0米；154-220千伏为4.0米、4.5米；300千伏为5.0米、5.5米；500千伏为7.0米。对不符合上述要求的树木应当依法进行修剪或砍伐，所需费用由树木所有者负担。

📄 基本案情

原告：国网某市供电公司

被告：贺某某、司某某、某某村村委会

诉讼请求：（1）判令被告贺某某、司某某排除妨害并消除危险，立即砍伐110千伏1120西合I线012号至013号杆之间架空高压电力线路边线向外水平延伸10米并垂直于地面所形成的平行面范围内种植的所有树木，恢复架空高压电力线路保护区原状；（2）判令被告贺某某、司某某不得再在第一项诉求的区域内种植可能危及电力设施安全的高杆植物；（3）判令被告贺某某、司某某承担至实际消除危险期间因其种植物引发的火灾、断电、触电等不安全事故所产生的损失；（4）判令被告某某村村委会对前两项诉讼请求监督实施；（5）案件诉讼费用由三被告承担。

1999年7月7日，甘肃省计划委员会和甘肃省电力工业局向庆阳地区电力局（现更名为国网某市供电公司，即原告）下发了《关于110千伏西峰-合水送变电工程可行性研究报告的批复》（甘电规计发〔1999〕140号），该文件同意建设110千伏西峰-合水送变电工程，工程计划于1999年开工建设，2000年建成投产。该工程建设过程中，原告对工程线路铁塔征地及杆坑、坑线、青苗树木进行了赔偿。2001年该线路工程建成运营并划定了电力线路保护范围。2010年，被告司某某在该线路012号至013号杆之间高压线下的承包地上（承包方家庭成员为司某某、贺某某）种植了高杆植物，目前，部分高杆植物距架空高压线路已不足2米，原告发现此险情后，于2021年5月24日与被告贺某某协商并发放了《国网某市供电公司安全隐患告知书》，要求被告贺某某于15日内消除隐患。后被告司某某、贺某某未消除隐患，原告遂诉至法院。

法院在审理过程中查明，该线路运行期间，原告国网某市供电公司在线路周围张贴了警示标志以及开展了相关电力设施保护宣传及提示。

被告贺某某、司某某辩称，其于2010年在其2亩承包地中种植了大概1300棵左右风景树，原告的高压线从其承包地上经过，线路建设时，原告只给付了其11.4元的青苗补偿款，现原告要求其砍伐树木，应给付补偿款；被告某某村委会辩称，原告诉请要求其履行监督义务不成立，原告未与其签订任何监督合同，其无义务履行监督职责；其只对党委、政府负责，不对原告负责；农民按照土地法的规定合法耕种，未违反任何法律规定。

法院认为：《中华人民共和国电力法》第五十三条第二款、第三款规定："任何单位和个人不得在依法划定的电力设施保护区内修建可能危及电力设施安全的建筑物、构筑物，不得种植可能危及电力设施安全的植物，不得堆放可能危及电力设施安全的物品。在依法划定电力设施保护区前已经种植的植物妨碍电力设施安全的，应当修剪或者砍伐。"

《电力设施保护条例》第十五条第四款规定："任何单位或个人在架空电力线路保护区内，必须遵守下列规定：（四）不得种植可能危及电力设施安全的植物。"《电力设施保护条例实施细则》第五条规定："架空电力线路保护区，是为了保证已建架空电力线路的安全运行和保障人民生活的正常供电而必须设置的安全区域。在厂矿、城镇、集镇、村庄等人口密集地区，架空电力线路保护区为导线边线在最大计算风偏后的水平距离和风偏后距建筑物的水平安全距离之和所形成的两平行线内的区域。各级电压导线边线在计算导线最大风偏情况下，距建筑物的水平安全距离如下：1千伏以下为1.0米；1-10千伏为1.5米；35千伏为3.0米；66-110千伏为4.0米；154-220千伏为5.0米；330千伏为6.0米；500千伏为8.5米。"第十三条规定："在架空电力线路保护区内，任何单位或个人不得种植可能危及电力设施和供电安全的树木、竹子等高杆植物。"第十六条第四款规定：

"（四）架空电力线路导线在最大弧垂或最大风偏后与树木之间的安全距离为：电压等级、最大风偏距离、最大垂直距离：35-110千伏为3.5米、4.0米；154-220千伏为4.0米、4.5米；300千伏为5.0米、5.5米；500千伏为7.0米。对不符合上述要求的树木应当依法进行修剪或砍伐，所需费用由树木所有者负担。"本案中，原告国网某市供电公司110千伏西峰-合水送变电工程于2001年建成运营并划定了电力线路保护范围，被告司某某于2010年左右在110千伏1120西合I线012号至013号杆之间架空高压电力线路下其承包地上种植了高杆植物，目前树木距电力线路的安全距离已超法律规定，严重影响了电力设施的安全，被告贺某某辩称，树木为司某某所种，其不是本案适格主体，但根据其提交的承包经营权证书，贺某某为本案所涉土地的承包方家庭成员，故其亦有义务排除妨害，对其辩称，本院不予采信，故原告国网某市供电公司要求被告贺某某、司某某排除妨害并消除危险，立即砍伐110千伏1120西合I线012号至013号杆之间架空高压电力线路边线向两侧水平各延伸4米并垂直于地面所形成的平行面范围内种植的所有树木，恢复架空电力线路保护区原状及要求在架空电力线路保护区内不得再种植高杆植物的诉讼请求，于法有据，予以支持。原告国网某市供电公司要求被告贺某某、司某某承担至实际消除危险期间因其种植物引发的火灾、断电、触电等不安全事故所产生的损失的诉讼请求，原告未提供证据证实损失，故不予支持。原告国网某市供电公司放弃要求被告某某村村委会实施监督的诉讼请求，系其真实意思表示，符合法律规定，予以支持。二被告辩称其应得到赔偿款，无法律依据，不予采信。综上所述，依据《中华人民共和国电力法》第五十三条第二款和第三款、《电力设施保护条例》第十五条第四款、《电力设施保护条例实施细则》第五条、第十三条、第十六条第四款及《中华人民共和国民事诉讼法》第六十四条第一款之规定，判决被告贺某某、司某某于本判决生效后三十日内立即砍伐110千伏1120西合I线012号至013号杆之间架空高压电力线路边线向两侧水平各延伸4米并垂直于地面所形成的平行面范围内种植的所有树木，并以后不得在上述区域内种植可能危及电力设施安全的高杆植物；被告贺某某、司某某于本判决生效后三十日内立即砍伐110千伏1120西合工线012号至013号杆之间架空高压电力线路边线向两侧水平各延伸4米并垂直于地面所形成的平行面范围内种植的所有树木，并以后不得在上述区域内种植可能危及电力设施安全的高杆植物。

🔎 案例分析

架空输电线路保护区是为了保障电力安全可靠供应而由国家依法强制划出的一定范围的保护区域。根据《电力设施保护条例》《电力设施保护条例实施细则》的规定：在35~110千伏架空输电线路建成投运后，两侧边导线外10米内划定为电力设施保护区；在154~330千伏架空输电线路建成投运后，两侧边导线外15米内划定为电力设施保护区；在500千伏架空输电线路建成投运后，两侧边导线外20米内划定为电力设施保护区。原国家环境保护总局环办函〔2007〕881号复函中明确：国务院颁发的《电力设施保护条例》（国务院令第239号）定义了架空电力线路保护区，设置架空电力线路保护区的目的是保证已建架空电力线路的安全运行和保障人民生活正常供电。这一区域由国家强制划定，任何单位或个人在架空电力线路保护区内，必须遵守"不得兴建建筑物、构筑物"等规定，实际上是为保护架空电力线路这一公用设施的安全，对该区域内的行为作出了限制，与环保拆迁没有必然的关系。

本案中，某市供电公司110千伏西峰-合水送变电工程于2001年建成运营并划定了电力线路保护区范围，被告司某某、贺某某2010年在架空高压电力线路下其承包地上种植高杆植物，严重影响电力设施的安全，当然具有排除妨害消除危险的法律义务，法院判决完全正确。这里值得探讨的一个问题是，对村民进行的电力设施保护区内法律法规禁止行为，村委会到底有没有监督义务？目前的通说是没有，从更好地保护电力设施安全运行和保障人民群众生命财产角度出发，这是留给电力企业的一个课题，争取在今后的立法中予以明确最好。需要特别指出的是村委会的第三个答辩意见即"农民按照土地法的规定合法耕种，未违反任何法律规定"明显是错误的，本案中，土地法律法规属于一般法，而电力法律法规属于特别法，根据特别法优于一般法的法律适用原则，电力法律法规优先适用。

☼ **工作建议**

1.强化输电线路、电气设施警示标识管理，在人员密集或人员流动频繁的地点按照要求悬挂、张贴安全警示标识。

2.加强输配网线路运行巡视工作，及时发现并记录违章建房、植树、施工等安全隐患，记录线路名称和具体杆位，现场拍照并建立隐患档案，下发隐患治理通知书，确保线路运行安全和周围群众人身、财产安全。

3.加强隐患排查管理，对于发现的线下建房、违章作业等安全隐患，要及时送达《隐患整改通知书》并保证当事人签收以实现有效送达。

4.梳理输电线路"三线"搭挂情况，与"三线"所属相关单位签订安全协议等，以明确维护责任和发生事故时的责任承担。

5.采取主动维权模式，即针对房线、树线矛盾问题，主动向法院提起诉讼，要求房屋或树木所有权人停止侵害、排除妨害、消除危险，拆除已建房屋，以维护输电线路、电气设施的安全运行和防范触电事故发生。

第八篇

其他类纠纷案例

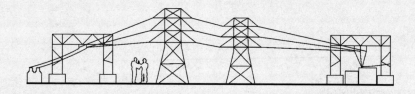

中铁十五局集团某工程有限公司诉国网某县供电公司、国网某省电力公司排除妨害纠纷案

案件总体描述

排除妨害纠纷中，原告需负有对被告实施侵权行为、及因果关系的举证责任。

关键词

排除妨害/诉讼主体/举证责任/因果关系

相关法条

1.《中华人民共和国电力法》第四十六条

省、自治区、直辖市人民政府应当制定农村电气化发展规划，并将其纳入当地电力发展规划及国民经济和社会发展计划。

2.《中华人民共和国电力法》第五十二条

任何单位和个人不得危害发电设施、变电设施和电力线路设施及其有关辅助设施。在电力设施周围进行爆破及其他可能危及电力设施安全的作业的，应当按照国务院有关电力设施保护的规定，经批准并采取确保电力设施安全的措施后，方可进行作业。

3.《中华人民共和国民事诉讼法》第六十七条第一款

当事人对自己提出的主张，有责任提供证据。

4.《最高人民法院关于适用<中华人民共和国民事诉讼法>的解释》第九十条

当事人对自己提出的诉讼请求所依据的事实或者反驳对方诉讼请求所依据的事实，应当提供证据加以证明，但法律另有规定的除外。在作出判决前，当事人未能提供证据或者证据不足以证明其事实主张的，由负有举证证明责任的当事人承担不利的后果。

基本案情

原告：中铁十五局集团某工程有限公司

被告：国网某县供电公司、国网某省电力公司

诉讼请求：（1）被告国网某县供电公司、国网某省电力公司停止对原告所有的渭武试验第一合同段项目经理部10千伏供电线路的侵害，拆除二被告在原告渭武试验第一合同段项目经理部10千伏供电线路上架设接入的其他用电线路。（2）二被告共同赔偿因侵权行为造成原告损失3 500 000元。（3）二被告承担本案诉讼费用。

2013年12月原告中铁十五局集团某工程有限公司（以下简称原告或中铁十五局）中标兰州至海口国家高速公路（G75）渭源至武都建设项目土建试验段渭武实验I标段土建隧道工程施工。2013年12月28日，原告就上述工程与甘肃长达路业有限责任公司签订《兰州至海口国家高速公路（G75）渭源至武都建设项目土建试验段》施工合同，合同约定工期为1100日历天。2014年1月26日，甘肃发展和改革委员会甘发能源〔2014〕107号《甘肃省发展和改革委员会关于陇西县2014年农网改造升级项目35千伏及以下工程可行性研究报告的批复》，原则同意陇西县2014年农网改造升级项目35千伏及以下工程可行性研究报告，该批复附件2陇西县2014年农网改造升级10千伏及以下明细表项目包含碧岩镇黄鹂村黄鹂沟社和油担沟社。2014年4月11日，国网某省电力公司作出运检〔2014〕49号《国网某省电力公司运维检修部关于定西市2014年农网改造升级10千伏及以下工程初步设计及概算的批复》，该批复工程包含陇西县2014年农网改造升

级10千伏及以下工程。2014年4月17日，原告所属的中铁十五局集团五公司渭武试验第一合同段项目经理部与被告国网某县供电公司签订《中铁十五局集团五公司渭武试验第一合同段项目经理部10千伏及以下电气施工安装工程合同书》，合同约定，国网某县供电公司负责为该项目经理部架设10千伏施工专用线路，即安装800千伏安配变2台，改造10千伏线路5.56千米，新建10千伏线路3.88千米，本工程以上所列资产线路部分及变压器均归属中铁十五局集团五公司渭武试验第一合同段项目经理部所有，合同价款为1 960 000元，此费用包含专线架设以及为满足标段用电需求而进行的扩容费用。2015年11月，国网某县供电公司在2014年陇西县农网改造升级项目35千伏及以下工程中，将该线路纳入陇西县碧岩镇黄鹂村黄鹂社和油担沟社的农村电网改造项目，该工程已改造完毕。2016年3月国网某县供电公司在为原告改造的线路接入江西赣东路桥有限公司渭武一标段施工线路。2020年9月，原告中铁十五局提起诉讼。本案经陇西县人民法院一审后双方服判。

陇西县人民法院经审理认为：依据法律规定，省、自治区、直辖市人民政府应当制订农村电气化发展规划，并将其纳入当地电力发展规划及国民经济和社会发展计划，任何单位和个人不得危及电力线路设施及其有关附属设施。被告国网某县供电公司承建的中铁五局渭武试验第一合同段项目部10千伏线路及以下工程，改造线路5.56千米，新建10千伏线路3.88米，均为永久性线路标准，安装80千伏安配变2台后，向原告渭武试验第一合同项目工程提供电力服务。后被告国网某县供电公司在2014年陇西县农网改造升级项目35千伏及以下工程中，将该线路纳入碧岩镇黄鹂村黄鹂社和油担沟社的农村电网改造项目，该工程已改造完毕。被告国网某县供电公司将改造及新修线路按当地政府发展规划，因地制宜，发展电力建设，并入国家农村电网，并在原改造供电线路段上接入江西赣东路桥有限公司渭武一标段施工线路，二被告并不构成侵权。审理中，原告提出对国网某县供电公司在施工线路上打伙接入黄鹂村的农用线路及江西赣东路桥有限公司渭武一标段施工用电线路的行为，是否与原告施工中的用电线路电压不稳存在因果关系以及施工中的电压不稳与窝工损失之间的关系进行鉴定。在法院委托定过程中，申请人委托鉴定事项不具备鉴定的条件，无鉴定机构可供选择，致本案无法鉴定，无法确定本案侵权因果关系及财产损失。综上所述，原告中铁十五局的请求依据不足，依法不予支持。判决驳回原告中铁十五局集团第五工程有限公司的诉讼请求。

案例分析

1.排除妨害纠纷是指因为物权受到他人的现实妨害而引发以排除这种妨害为目的的纠纷。排除妨害请求权，是对物权的享有和行使受到占有以外的方式侵害时，物权人对妨害人享有请求排除妨害，使自己的物权恢复到完好状态的权利。但是，任何权利的行使是相对的，不是绝对的，必须受法律、法规和人伦道德的制约，必须依照法律规定的限度来进行。如果因行使自己权利而损害了国家、集体或他人的利益，超出了国家法律所许可和保障的范围与界限，则不再是行使权利，而是侵权，不但不会得到法律保护，而且会受到法律追究。依据法律规定，省、自治区、直辖市人民政府应当制订农村电气化发展规划，并将其纳入当地电力发展规划及国民经济和社会发展计划，任何单位和个人不得危及电力线路设施及其有关附属设施。被告国网某县供电公司将改造及新修线路按当地政府发展规划，因地制宜，发展电力建设，并入国家农村电网，并在原改造供电线路段上接入江西赣东路桥有限公司渭武一标段施工线路，并无过错，因此，被告并不构成侵权。

2.案件当事人必须是与案件有利害关系的公民、法人或其他组织，涉案线路的施工和负责单位为国网某县供电公司，国网某县供电公司虽属国网某省电力公司管理的下属单位，但其属于能够独立承担责任的法人，其对外经营发生的民事纠纷，应由其独立承担相应的民事责任，原告列国网某省电力公司为共同侵权被告，无事实与法律依据。

3.当事人对自己的主张，有责任提供证据证明，否则，由其承担举证不能的法律后果。原告对其损失未提供证据证明，也未申请评估，具体损失数额不确定，加之被告国网某县供电公司的施工无过错，不存在侵权，一审法院判决驳回原告的诉讼请求是正确的。

☼ 工作建议

1.供电企业要根据地方政府发展规划，提前做好电网线路规划，要树立服务社会的大局意识，根据国家和社会需要及时调整和合并路线，合理高效利用电力资源，服务人民群众。

2.供电企业与用户签订合同时，必须注明合同价款所包含费用的具体内容及所有权问题，避免双方发生争议。

3.服务用户是供电企业的天职，如果用户反映施工中存在电压不稳，供电企业查明原因后，有义务向用户说明情况，并采取有效措施消除电压不稳隐患，保证供电稳定性。

4.加强《中华人民共和国民法典》《中华人民共和国电力法》等法律法规的学习培训，不断提高业务人员的专业素质。

靖远某养殖专业合作社诉某公司等排除妨害纠纷案

✏ 案件总体描述

诉讼当中诉讼主体不适格法院应当驳回起诉。

🔑 关键词

排除妨害/因果关系/损害结果/诉讼主体

⚖ 相关法条

1.《中华人民共和国民事诉讼法》第一百二十二条

起诉必须符合下列条件：（一）原告是与本案有直接利害关系的公民、法人和其他组织；（二）有明确的被告；（三）有具体的诉讼请求和事实、理由；（四）属于人民法院受理民事诉讼的范围和受诉人民法院管辖。

2.《中华人民共和国民法典》第四百六十二条

占有的不动产或者动产被侵占的，占有人有权请求返还原物；对妨害占有的行为，占有人有权请求排除妨害或者消除危险；因侵占或者妨害造成损害的，占有人有权请求损害赔偿。

3.《中华人民共和国民法典》第二百三十六条

妨害物权或者可能妨害物权的，权利人可以请求排除妨害或者消除危险。

📄 基本案情

原告：靖远某养殖专业合作社、吴永某、吴世某

被告：某公司、浙江省送变电工程有限公司、中国电力工程顾问集团有限公司、国网某市供电公司、国网某省经研院、辽宁电力建设监理有限公司、中国电力工程顾问集团西北电力设计院有限公司、山东电力工程咨询有限公司

诉讼请求：（1）拆除吉昌至古泉±1100千伏特高压直流工程线路工程（甘8标段）N4805-N4806塔基，恢复原状，停止对原告的侵害并向原告赔礼道歉；（2）赔偿原告经济损失280 398元；（3）承担本案全部诉讼费用。

原告吴永某系靖远某养殖专业合作社法定代表人，与原告吴世某系父子关系。昌吉-古泉±1100千伏特高压直流输电线路工程途经新疆、甘肃、陕西、河南、安徽等省（区），是最高电压等级、最大容量、最远距离、最先进技术的世界首条±1100千伏特高压直流输电线路。其中甘肃8标段N4805-N4806号线路跨越靖远某养殖专业合作社养殖棚。原告认为该线路对其养殖造成妨害，2018年1月向法院提起诉讼。

此案经过当地法院两审终审。一审法院认为吴世某与本案诉讼请求没有关系，不是适格的原告，被告中国电力工程顾问集团有限公司、辽宁电力建设监理有限公司不是涉案工程的产权人、管理人、施工人、设计人或者实际监理单位，没有直接的利害关系，不是适格的被告，驳回原告对上述两公司的起诉；涉案工程符合设计规定，符合国家环保法律法规，对原告养殖棚不可能造成妨害，故驳回诉讼请求。案件受理费由原告负担。一审宣判后，原告不服上诉，二审法院驳回上诉，维持原判决。

🔍 案例分析

1.《中华人民共和国民事诉讼法》第一百二十二条规定，起诉必须符合下列条件：原告是与本案有直接利害关系的公民、法人和其他组织。本案中吴世某非涉案合作社股东，虽与吴永某系父子关系，但与本案诉讼请求没有直接利害关系，不是适格原告。一般认为，驳回起诉适用程序方

面，而驳回诉讼请求既可适用程序方面，又可适用实体方面。被告中国电力工程顾问集团有限公司、辽宁电力建设监理有限公司不是涉案工程的产权人、管理人、施工人、设计人或者实际监理单位，没有直接的利害关系，既非责任主体，又与诉讼标的无关联，其不是适格的被告，一审法院驳回原告对上述两公司的起诉并无不妥。

2.排除妨害请求权是公民生活中一项重要的权利，受法律保护。排除妨害的主要构成要件是存在妨害他人行使民事权利或者享有民事权益的状态，与停止侵害的主要构成要件不同之处在于：一为动态，一为静态。另一个构成要件是妨害状态具有不正当性，指妨害状态没有法律根据，没有合同约定，缺乏合理性。认定妨害状态主要是看妨害是否超过了合理的限度，轻微的妨害是社会生活中难免的，不承担排除妨害责任。妨害状态是否超过了合理的限度，应当结合当时当地人们一般的观念判断。妨害物权或者可能妨害物权的，权利人可以请求排除妨害或者消除危险。本案的争议焦点很简单，即涉案工程是否对原告养殖场造成妨害？法院在审理过程中查明，涉案淮东-华东（皖南）±1100千伏特高压直流输电线路工程属国家重点工程，±1100千伏特高压直流输电线路在诉讼当时尚无国家标准。2018年1月5日，国家电网公司发布国家电网企管〔2018〕9号文，对《±1100千伏直流架空输电线路设计规范》等14项技术标准进行公布，批准为国家电网公司标准。该标准14.4规定："线路不应跨越经常有人居住的建筑物以及为燃烧材料危及线路安全的建筑物。导线与建筑物之间的距离应符合下列规定：a）在最大计算弧垂情况下，导线与建筑物之间的最小垂直距离不小于21.5米。b）在最大计算风偏情况下，线路边导线与建筑物之间的最小净空距离不小于21米。c）在无风时，线路边导线与建筑物之间的最小水平距离7米。"山东电力工程咨询有限公司《昌吉-古泉±1100千伏特高压直流输电线路工程房屋拆迁原则和规定》第二条注明，对于养殖棚可以按跨越处理，边导线与养殖棚等建筑物之间的最小垂直距离不小于21.5米。《对N4805-N4806号养殖棚跨越要求和说明》第二条注明，±1100千伏吉泉线跨越该养殖棚时，由于养殖棚靠近铁塔，吉泉线导线在最大弧垂时与房顶的距离很大（在45米以上）。按照国家电网公司对本工程房屋拆迁原则和规定，导线与不长期住人的建筑物之间的最小垂直距离为21.5米，因此满足安全距离要求，不需拆迁养殖棚；第三条注明，经现场勘查，养殖棚的看护房A与±1100千伏吉泉线中心线横向距离为26米（与边导线横向距离为12米），养殖棚看护房B与±1100千伏吉泉线中心线横向距离为33米（与边导线横向距离为19米），养殖棚看护房C与±1100千伏吉泉线中心线横向距离为28米（与边导线横向距离为14米），均在边导线7米（强拆）之外，且合成场强远小于每米15千伏，按照国家电网公司对本工程房屋拆迁原则和规定，看护房不需要拆除，满足安全距离；第四条结论：综上，±1100千伏吉泉线线路导线与N4805-N4806号养殖棚及看护房的距离、合成电场强度均满足安全要求，因此无须拆迁。以上两份文件虽出具于2017年7月20日，但其采用标准与2018年国家电网公司公布的《±1100千伏直流架空输电线路设计规范》完全吻合，能够证明涉案工程符合设计规定，没有对原告养殖棚及看护房造成妨害，法院的判决是正确的。

☼ **工作建议**

1.加强工程源头管理，规范工程项目审批。此案之所以胜诉是因为涉案工程项目立项、环境保护已经过国家发改委核准，并取得了相关政府部门审批手续，项目本身合法。

2.施工企业必须具备相应工程施工资质，开工、施工技术、施工质量符合国家相关标准要求，对施工过程中的占地补偿、青苗赔付，包括关键谈判等留存书面证据材料，必要时进行录音录像，届时与工程资料一起归档。

3.完善工程档案资料，及时归档。

国网某县供电公司因协助行政机关停电引发的系列纠纷案

✎ 案件总体描述

因协助行政机关具体行政行为停电引发的赔偿纠纷，供电企业不承担赔偿责任。

🔑 关键词

具体行政行为/行政处罚/违约

⚖ 相关法条

1.《最高人民法院关于审理行政赔偿案件若干问题的规定》第三十三条

第三十三条 被告的具体行政行为违法但尚未对原告合法权益造成损害的，或者原告的请求没有事实根据或法律根据的，人民法院应当判决驳回原告的赔偿请求。

2.《中华人民共和国民事诉讼法》第一百二十二条第（四）项、第一百五十七条第一款第（三）项

起诉必须符合下列条件：（四）属于人民法院受理民事诉讼的范围和受诉人民法院管辖。

裁定适用于下列范围：（三）驳回起诉；

3.《中华人民共和国民事诉讼法》第二百零七条

当事人的申请符合下列情形之一的，人民法院应当再审：（一）有新的证据，足以推翻原判决、裁定的；（二）原判决、裁定认定的基本事实缺乏证据证明的；（三）原判决、裁定认定事实的主要证据是伪造的；（四）对审理案件需要的主要证据，当事人因客观原因不能自行收集，书面申请人民法院调查收集，人民法院未调查收集的。

📄 基本案情

原告：临洮县某建材厂

被告：临洮县国土局、国网某县供电公司、临洮县人民政府

2013年10月14日，临洮县国土局认定临洮县五爱建材厂（以下简称建材厂）在生产经营过程中采取破坏性方法取土的行为违法，并作出〔2013〕023号《责令停止违法行为通知书》。同日，国土局向建材厂发出拆除挖土设备，停止生产设施运转的通知。按照临洮县委、县政府的统一部署，由临洮县国土局、工商局、公安局等联合执法，对建材厂采取关停整改。临洮县政府通知某县供电公司（以下简称供电公司）作为配合单位在联合执法中对建材厂采取了停电措施。该事件发生后，建材厂先后提起一系列行政、民事诉讼案件，包括：建材厂诉国土局土地行政处罚纠纷案；建材厂诉国土局矿产管理行政赔偿纠纷案；建材厂诉供电公司供用电合同纠纷案；建材厂诉县政府、第三人供电公司强制断电行为违法行政纠纷案；建材厂诉县政府、第三人供电公司强制断电行为违法行政赔偿纠纷案。

2014年，建材厂不服国土局土地行政处罚，认为国土局违反法定程序，滥用职权，首次提起行政诉讼。同年7月24日，临洮县法院作出〔2014〕临行初字第1号行政判决，以国土局程序违法为由，撤销国土局《责令停止违法行为通知书》及拆除挖土设备、停止生产设施的运转的通知，责令国土局重新作出具体行政行为。

一、建材厂诉国土局矿产管理行政赔偿纠纷案

2015年1月，建材厂提起行政赔偿之诉，请求国土局赔偿各项损失150余万元。2016年8月18日，渭源县法院以〔2016〕甘1123行初1号行政判决，判决国土局赔偿建材厂各项损失89万余元，驳回建材厂其他诉讼请求。双方上诉，同年12月1日，定西中院终审判决驳回上诉，维持原判。但是，该判决书在论理中指出："建材厂的损失系由行政机关的违法行为和供电部门违反供用电合同擅自断电的违约行为共同造成"。

二、建材厂诉供电公司供用电合同纠纷案

1.2017年5月27日建材厂以供电公司违反供用电合同擅自停电为由，将供电公司诉至定西中院，要求赔偿其各项损失797万余元。同年11月16日定西中院认为，供电公司停电行为属于执行县委、县政府指令的行为，不是基于供用电合同关系发生的。定西中院裁定驳回建材厂起诉。建材厂不服上诉。

2.2018年1月31日甘肃高院裁定驳回上诉，维持原裁定。建材厂仍不服，申诉至最高人民法院，同年12月28日最高人民法院裁定驳回建材厂的再审申请。在此期间，定西公司多方努力，协调临洮县政府出具了《临洮县人民政府办公室关于对临洮县五爱建材厂停止供电有关情况的说明》。

三、建材厂诉县政府、第三人供电公司强制断电行为违法行政纠纷案

1.2018年4月11日建材厂以临洮县人民政府（以下简称县政府）为被告、以供电公司为第三人，在天水中院同时提起确认县政府强制断电行为违法之诉和行政赔偿之诉。天水中院认为行政赔偿之诉要以确认强制断电行为违法之诉审理结果为依据，故裁定中止行政赔偿之诉。

2.2018年6月21日天水中院以临洮县政府通知供电公司断电时没有依法作出决定、没有依法按照行政强制程序实施、没有告知行政相对人救济渠道等为由，判决确认县政府断电的行政行为程序违法。县政府不服上诉。

3.2019年2月11日甘肃高院判决驳回上诉，维持原判。

四、建材厂诉县政府、第三人供电公司强制断电行为违法行政赔偿纠纷案

判决确认县政府断电的行政行为程序违法后，行政赔偿纠纷案开始审理。2019年7月26日，天水中院认为渭源县法院在〔2016〕甘1123行初1号行政判决中已经充分考虑了县政府断电拆除行为对建材厂所造成的各项损失，原告领取了赔偿款后，再要求县政府进行赔偿，系对其赔偿数额的重复赔偿请求，故判决驳回建材厂赔偿请求。建材厂不服上诉。2020年8月6日，省高院认为上诉人上诉理由不能成立，驳回上诉，维持原判。

案例分析

一、系列行政纠纷案件争议焦点及法律分析

1.两起确认行政机关违法之诉中被告分别为国土局、县政府，被告在断电时行政程序违法，没有依法作出《决定》、没有依照《行政强制法》规定的行政强制程序实施、没有给建材厂送达任何法律文书、没有告知行政管理相对人的救济渠道，故两起案件均以行政机关程序违法为由，判决确认行政机关具体行政行为违法。

2.两起赔偿之诉中，被告仍然是国土局、县政府，建材厂从国土局已获赔80余万元，诉县政府赔偿之诉被驳回，最主要原因是法院认为：国土局赔偿案件中已充分考虑了断电拆除行为对原告所造成的各项损失，原告领取赔偿款后，继续要求县政府进行赔偿，系对其赔偿数额的重复赔偿请求。

二、供用电合同纠纷案件争议焦点及法律分析

1.争议焦点：供电公司的停电行为是非基于供用电合同关系而作出的民事行为。

法律分析：本案中，双方虽有供用电合同关系，但在此次停电纠纷中，供电公司系根据县委、县政府的通知对建材厂采取的停电措施，属于执行行政机关决定的行为，不存在设立、变更、中止民事权利和民事义务的目的，停电行为不是基于双方供用电合同关系发生，不产生民事损害赔

偿的法律后果。

2.争议焦点：该案件不属于人民法院民事诉讼的受理范围。

法律分析：民法调整的是平等主体之间的人身关系和财产关系，民事诉讼的受理范围是平等主体之间发生的财产关系纠纷和人身关系纠纷。供电公司对建材厂采取的断电措施系执行行政命令，不是供电公司自由意思表示，不应以双方之间的供电合同进行评价，因此不属于民事诉讼受案范围。

☼ 工作建议

一、诉讼策略

供电公司在协助行政机关停电过程中，应当要求行政机关出具书面《协助执行停电通知书》。任何口头形式、《会议纪要》形式、座谈会或协调会形式、个别领导或个人作出的决定，程序均不合法，不能作为协助执行的依据。

供电公司在做出协助停电的决定后，应严格按照《供电营业规则》第六十七条、第六十九条的规定履行停电程序和恢复供电程序。

二、应对措施

供电企业在协助行政机关停电过程中，应仔细甄别作出协助执行决定的行政主体是否适格，并由法律归口管理部门对《协助执行停电通知书》进行合法性、合规性审核。

在利益相关案件中，供电公司要迅速反应，积极应对在供电企业不是当事人的案件中做出的对供电企业不利的判决结果。

三、管理风险及合规建议

1.加强与政府部门的沟通，要求出具《协助执行停电通知书》，仔细甄别作出协助执行决定的行政主体是否适格。协助执行法律依据是否合规，按相关规定送达停电通知书，并做到有效送达，妥善保留停电通知书存根。

2.采取停电措施前，对可能造成的法律后果和损失，书面告知相关政府部门。并要求政府部门出具因停电造成的法律后果和损失由其承担的书面材料。

3.因执行行政决定导致供电合同无法履行时，供电公司应当按照供电合同及时履行告知义务，并留存相关证明。